# 100 Jahre Salzburger Festspiele

**MALTE HEMMERICH**

MIT EINEM VORWORT
**VON HELGA RABL-STADLER**

# 100 JAHRE

# Salzburger FESTSPIELE

**EINE
UNGLAUBLICHE
GESCHICHTE
IN FÜNF AKTEN**

ecoWIN

Sämtliche Angaben in diesem Werk erfolgen trotz sorgfältiger Bearbeitung ohne Gewähr. Eine Haftung der Autoren bzw. Herausgeber und des Verlages ist ausgeschlossen.

1. Auflage
© 2019 Ecowin Verlag bei Benevento Publishing Salzburg – München, eine Marke der Red Bull Media House GmbH, Wals bei Salzburg

Alle Rechte vorbehalten, insbesondere das des öffentlichen Vortrags, der Übertragung durch Rundfunk und Fernsehen sowie der Übersetzung, auch einzelner Teile. Kein Teil des Werkes darf in irgendeiner Form (durch Fotografie, Mikrofilm oder andere Verfahren) ohne schriftliche Genehmigung des Verlages reproduziert oder unter Verwendung elektronischer Systeme verarbeitet, vervielfältigt oder verbreitet werden.
Gesetzt aus der Minion Pro, Futura Condensed ExtraBold, GaramondCondensedBQ, Cera Compact Pro

Medieninhaber, Verleger und Herausgeber:
Red Bull Media House GmbH
Oberst-Lepperdinger-Straße 11–15
5071 Wals bei Salzburg, Österreich

Satz: MEDIA DESIGN: RIZNER.AT
Umschlaggestaltung: Hauptmann & Kompanie, Werbeagentur
Printed in Czech Republic

ISBN 978-3-7110-0155-9

# Inhalt

Vorwort von Helga Rabl-Stadler ....................... 9

Prolog.................................................. 17

ERSTER AKT....................................... 21

ZWEITER AKT .................................... 43

DRITTER AKT..................................... 69

VIERTER AKT ..................................... 87

FÜNFTER AKT.................................... 107

Dank................................................... 131

Literatur .............................................. 133

Bildnachweis ....................................... 137

Diese kurze Geschichte der Salzburger Festspiele legt das Augenmerk auf fünf wichtige Episoden der hundert Jahre, in denen der Sommer in Salzburg nun bereits zum kulturellen Großereignis wird. Klar, dass da einiges unter den Tisch fällt. Deutlich werden soll in den Betrachtungen die einzigartige Symbiose dieser Sommerwochen zwischen Kunstanspruch und Wirtschaftlichkeit und der jahrelange Kampf zwischen Erneuerern und Traditionalisten, ein Konflikt, der auch heute noch immer aktuell ist. Sie machen einen Streifzug durch die Geschichte dieses Weltereignisses, zu dem gleichermaßen Kulturinteressierte, Großunternehmer und Prominente pilgern, auch für eine heutige Leserschaft interessant.

Die Szenen, die die jeweiligen Kapitel und Zeitabschnitte einleiten und Querbezüge durch die Jahrzehnte darstellen, haben sich bei den Festspielen 2017 zugetragen, die wiederum den Beginn einer neuen Ära, die des Intendanten Markus Hinterhäuser, markierten.

## Vorwort von Helga Rabl-Stadler

Festspiele in Salzburg als erstes Friedensprojekt – das war die erklärte Absicht der Gründerväter, des Theatermagiers Max Reinhardt, des Poeten Hugo von Hofmannsthal, des damals schon weltberühmten Komponisten Richard Strauss, des anerkannten Direktors der Wiener Staatsoper Franz Schalk und des erfolgreichen Bühnenbildners Alfred Roller.

Weil Salzburg wegen »seiner wundervollen zentralen Lage und seiner landschaftlichen und architektonischen Pracht« das Zeug dazu hätte »Wallfahrtsort zu werden für die zahllosen Menschen, die sich aus dem blutigen Gräuel dieser Zeit nach den Erlösungen der Kunst sehnen«. (Max Reinhardt)

Weil Salzburg das »Herz vom Herzen Europas« (Hugo von Hofmannsthal) sei mit einer besonderen Aufgabe, einer geradezu historischen Sendung.

Und weil nur die Kunst, ausgedrückt durch ein Festspiel, die vom Krieg gegeneinander gehetzten Völker wieder friedlich zueinander bringen könnte.

Mir als geborene und immer noch begeisterte Salzburgerin gefällt diese Verehrung für die schöne Stadt natürlich sehr! Und ich schäme mich angesichts der Tatkraft dieser Gründerväter manchmal für den Kleinmut, das Selbstmitleid von uns Heutigen.

Ihrem Glauben an die Kraft der Kunst und den Kraftort Salzburg verdanken die Festspiele ihre Existenz.

Sie ließen sich nicht beirren von ständigen Geldnöten.

Sie ließen sich nicht abhalten von der Idee »einer Weltkunstzentrale auf österreichischem Boden«, obwohl Österreich 1918 vom Europa umspannenden Habsburgerreich zum vergleichsweise winzigen Rest geschrumpft war.

Sie ließen sich nicht entmutigen von der – verständlichen – Mutlosigkeit der Mehrheit. Diese drückte sich schon in der Namensgebung der Ersten Republik aus: Weil man nicht an die Überlebensfähigkeit des Mini-Österreichs glaubte, nannte man sie Deutschösterreich. Es ist daher kein Wunder, dass den meisten Festspiele als künstlerischer und wirtschaftlicher Motor einer Region, so wie sie Max Reinhardt schon 1917 prophezeite, eine Fata Morgana mitten in den Nachkriegsnöten zu sein schien. Sie sahen nicht die ferne Chance, dass der Tourismus dem Land einst Brot bringen würde. Sie sahen nur die nahe Gefahr, dass das Brot durch ausländische Gäste noch weniger würde. Und tatsächlich mussten für die ersten Festspiele 1920 außertourlich 54 000 Kilo Mehl in Salzburg ausgegeben werden, um die ärgste Not zu lindern.

Die Aufrufe der Festspielgründer strotzten trotzdem vor Optimismus.

»Möge das Festspielhaus ein Feiertagshaus künstlerischer Kultur Europas zu Gast in Österreich werden«, schwärmte der Festredner Rudolf Holzer bei der ersten ordentlichen Generalversammlung der Salzburger Festspielhausgemeinde am 15. August 1918, also noch im Krieg.

Für Hugo von Hofmannsthal war das Salzburger Festspielhaus gar »ein Symbol. Keine Theatergründung, nicht das Projekt einiger träumerischen Phantasten und nicht die lokale Angelegenheit einer Provinzstadt. Es ist eine Angelegenheit der europäischen Kultur und von eminenter politischer, wirtschaftlicher und sozialer Bedeutung«.

Und Max Reinhardt erklärte 1917 in seiner *Denkschrift zur Errichtung eines Festspielhauses in Hellbrunn*: »Neben vielen höchst bedeutungsvollen Erscheinungen, die unsere Zeit uns offenbart, ist auch die bemerkenswerte Tatsache zu verzeichnen, dass die Kunst, insbesondere die Kunst des Theaters sich in den Stürmen dieses Krieges nicht nur behauptet, sondern ihr Bestehen und ihre Pflege geradezu als unumgängliche Notwendigkeit erwiesen hat. Die Welt des Scheines, die man sich durch die furchtbare Wirklichkeit dieser Tage ursprünglich aus allen Angeln gehoben dachte, ist völlig unversehrt geblieben, sie ist eine Zuflucht geworden für die Daheimgebliebenen, aber ebenso für viele, die von draußen kommen und auch für ihre Seele Heilstätten suchten. Es hat sich gezeigt, dass sie nicht nur ein Luxusmittel für die Reichen und Saturierten, sondern ein Lebensmittel für die Bedürftigen ist.«

Liest man all die glühenden Bekenntnisse zu Festspielen in Salzburg, dann versteht man sehr bald, dass sie nicht trotz der düsteren Zeiten, sondern gerade deshalb so vehement, so berührend ausfielen.

Auch nach dem Zweiten Weltkrieg, dessen Ende sich 2020 zum 75. Mal jährt, erfüllten die Festspiele eine eminent politische Funktion. Eine der ersten Taten von US-General Mark Clark (1945 bis 1947 US-Hochkommissar für Österreich) war es, den von den Nazis abgesetzten Festspielpräsidenten Heinrich Puthon zurückzuholen und bereits für den August 1945 wieder Festspiele in Salzburg einzufordern – obwohl Salzburg damals noch in Schutt und Asche lag. Clark wählte für seinen ersten öffentlichen Auftritt in Österreich am 12. August 1945 absichtsvoll die Eröffnung der Festspiele: »Ich bin mir sicher bewusst, dass diese frühe Einführung ihrer Festspiele ein Beweis dafür ist, dass die gemeinsame Arbeit des österreichischen Volkes und der Vereinten Nationen, ein freies unabhängiges Österreich wiederherzustellen, bald glücken wird.«

Und auch die europäische Gründungsmission der Festspiele wird in der jungen Zweiten Republik wieder in den Mittelpunkt gerückt:

So gab Bundeskanzler Leopold Figl in seiner Rede zur Eröffnung der Salzburger Festspiele 1949 – wenige Tage vor der ersten Sitzung des im Mai 1949 gegründeten Europarates in Straßburg – den Festspielen erstmals offiziell eine europäische Dimension: »Die Festspiele, hier in der Mitte Europas, gleich nach dem romanischen Süden wie dem germanischen Norden und dem slawischen Osten, hier im Schnittpunkt der verschiedensten Geistesrichtungen und politischen Interessen sind sie Manifestation nicht nur des österreichischen, sondern auch des gesamteuropäischen Kulturwillens. […] Nicht mehr vereinzelt erklingt der Ruf nach einem engeren Zusammenschluss der europäischen Staaten und nach einer ernsten Rückbesinnung auf die gemeinsamen Kulturwerte, sondern er ist Wunsch und Hoffnung jedem, der für uns alle eine bessere Zukunft ersehnt.«

Der Bau des Großen Festspielhauses und dessen Einweihung vor 60 Jahren waren daher so wie die Gründung der Festspiele einmal mehr nicht die bloße Gründung eines weiteren Theaters: Es war ein Leuchtturmprojekt des 1945 befreiten Österreichs.

Wirtschaftlich ist Salzburg ohne Festspiele heute undenkbar. Es war Landeshauptmann Franz Rehrl, der bereits in den 1920er-Jahren das ökonomische Potential einer großen Kulturveranstaltung erkannte. Er rettete die Festspielhausgemeinde mehrfach vor dem Konkurs. Mit der Bildung eines Fonds zur Förderung des Fremdenverkehrs im Land Salzburg am 27. Dezember 1926, dessen Aufgabe laut Protokoll *expressis verbis* die dauerhafte Finanzierung der Festspiele sein sollte, setzte er eine echte Pioniertat. Dies wusste Max Reinhardt aufs Rührendste zu würdigen. 1930 ließ er dem landesherrlichen Schutzpatron der Festspiele eine Büste anfertigen und schrieb, »dass es zumindest ebenso viel bedeutet, künstlerische Dinge zu verwirklichen, wie sie zu ersinnen.«

Die kühne Prophezeiung Max Reinhardts hat sich glücklicherweise bewahrheitet. Die Salzburger

Festspiele sind künstlerischer und ökonomischer Motor einer ganzen Region.

Die Salzburger Festspiele sind eine Weltmarke.

Die Salzburger Festspiele sind ohne Übertreibung das wichtigste und größte Klassikfestival der Welt. Menschen aus über 85 Ländern, davon 45 außereuropäischen, kommen alljährlich zu Pfingsten und im Sommer, kaufen über 260 000 Karten und besuchen mehr als 200 Veranstaltungen.

Mein erster Festspielbesuch fand am 17. August 1961 bei Schnee (!) in der Felsenreitschule statt: *Der Bauer als Millionär* von Ferdinand Raimund mit Christiane Hörbiger als Lottchen. »Ich kann meine Eindrücke und die Schönheit nicht mit Worten beschreiben«, vertraute ich als 13-Jährige meinem Tagebuch an.

Die Eindrücke wunderbarer Festspielaufführungen, welche weit in den Alltag hineinreichen, sind heute oft das Thema von Briefen, die ich als Festspielpräsidentin erhalte.

»Festspiele müssen ein Epizentrum des Besonderen sein«, postulierte unser jetziger Intendant Markus Hinterhäuser bei seinem Amtsantritt. Keine bloße Aneinanderreihung von Events, keine beliebige Starparade, aber eine große Erzählung über die Kraft der Kunst. Mit den besten Künstlerinnen und Künstlern, damit das eintritt, was der unvergessliche Dirigent Nikolaus Harnoncourt sich immer gewünscht hat und was ihm so oft auch gelungen ist: »Wenn wir, die Künstler, gut gewesen sind, dann kommen die Menschen verändert aus einer Aufführung heraus.«

Die Geschichte der Salzburger Festspiele ist denn auch eine Geschichte der großen Künstlerpersönlichkeiten von der Gründung bis zum heutigen Tag. Hier einzelne Namen aus den ersten 100 Jahren zu nennen, würde den Rahmen dieses Vorworts sprengen.

Daher nur ein dreifacher sehr persönlicher Dank:

Ich danke Max Reinhardt und Hugo von Hofmannsthal für ihren unerschütterlichen Glauben an die Kraft der Kunst und den Kraftort Salzburg.

Ich danke Herbert von Karajan, dass er Salzburg stets als Mittelpunkt seines künstlerischen Wirkens sah, das Große Festspielhaus für uns erkämpfte, vor allem aber dass er den Gründungsauftrag so ernst nahm, der da lautete, »Oper und Theater, von beidem das Beste«. Die Qualität als immerwährend gültiges Programm.

Und ich danke den Wiener Philharmonikern. Sie begleiten uns von Anfang an durch gute und durch schlechte Zeiten. Ohne die Wiener Philharmoniker gäbe es zwar Festspiele in Salzburg, aber es wären nicht die Salzburger Festspiele.

Salzburger Festspiele, welche Hochschaubahn der Gefühle. Atemberaubende Aufführungen, aber auch Skandale, mitreißende Theaterabende, aber auch Streitigkeiten, außerirdisch schöne Konzerte, aber auch allzu menschliche Eifersüchteleien. Und immer wieder die lebhafte Reaktion unseres Publikums, Jubelstürme, Standing Ovations, aber auch Buhrufe. Und dann die Begleitung der Medien,

Lobeshymnen, scharfe Kritik, blanker Hohn. Großes Welttheater eben, auf der Bühne, hinter der Bühne und neben der Bühne.

Von all dem handelt dieses Buch.

Viel Vergnügen beim Lesen.

Helga Rabl-Stadler
Präsidentin der Salzburger Festspiele

# Prolog

Gut situiert brutzelt das Fleisch in der Hitze. Manch ein polemischer Kritiker mag so das Salzburger Festspielpublikum bei einer nachmittäglichen Open-Air-Aufführung des *Jedermann* beschreiben, hier ist aber etwas weniger Metaphorisches gemeint.

In diesem Spätjuli zeigt die schmucke Stadt an der Salzach erstens wenig Sonne und dafür wieder ihr berüchtigtes Regengesicht, und zum anderen befinden wir uns gut einen halben Kilometer von Festspielhaus und Domplatz entfernt. Dort, wo sich weniger Festspielpublikum hin verirrt, stattdessen einheimische Mittzwanziger Schlange stehen. Ein Ort, an dem man vermutlich vom sonstigen Festspielkollaps und Trubel verschont bleiben sollte. Hier, in einem hellen, mittelklassigen Burgerrestaurant wendet gerade Burgerbrater Manuel das knisternde Rind.

Die Wände des Lokals zieren hübsche Bilder von glücklichen Kühen und Rezensionen zufriedener Kunden. Es ist einer dieser neuen Burgerläden, die besser sein wollen als die herkömmlichen Fast-Food-Ketten. Überall springen einem die Versprechen der handgemachten Qualität ins Auge. Hier kümmert man sich angeblich noch mit Liebe ums Produkt, schafft Exklusives und sättigt trotzdem Tausende Menschen am Tag. Die Rolle dieses Burgerladens ist also, will man den seltsamen Vergleich ziehen, ähnlich der der Salzburger Festspiele unter all den Sommerfestivals und Klassikevents im ganzen Land. Mit den besten Zutaten und dem immer besseren Geschmackserlebnis will man hier mit höchstem Niveau überzeugen, ist allerdings auch teurer als der Durchschnitt.

Manuel und die jungen Menschen, die sich hier ihre mittelpreisigen handgemachten Burger genehmigen, leben recht abgekoppelt von den großen Festspielen, die nebenan das Stadtbild bestimmen. Könnte man meinen. Schließlich werden die wenigsten hier Vorstellungen des Festivals besuchen, trotz der ganzen ausgeklügelten Angebote für diese Altersklasse. Niemandem fällt hier auf, dass vor dem Laden zwei Mitglieder der Berliner Philharmoniker entlangspazieren, die schon mit Herbert von Karajan und einer musik- und festspielgeschichtsschreibenden Aufführung des *Don Carlo* in der Stadt für Furore sorgten, oder dass Dirigent Teodor Currentzis im Hoodie rockstargleich durch die Getreidegasse ein paar Meter weiter streift.

Doch immerhin kann man davon ausgehen, dass die jungen Menschen unterbewusst die vielen Plakate der Festspiele in der Stadt registrieren. Eines davon hat die Marketingmacht tatsächlich auch bis in dieses Restaurant an die Wand zwischen all die lebensfrohen Rinder getrieben. Auch die Öffnungszeiten der kleinen Großstadt gliedern sich in Festspielzeit und Nicht-Festspielzeit, das Restaurant ist da keine Ausnahme. Ebenso steigt der Umsatz in diesen Sommerwochen. Nicht immer haben die urigen, teuren Restaurants in der Innenstadt genug Plätze, und manchmal schafft es eine japanische Reisegruppe eben nicht rechtzeitig nach dem Konzert in ein Lokal – und nimmt dann mit Manuels Burgern vorlieb.

Also:

Auch wenn sie die Festspiele gar nicht mehr bewusst wahrnehmen und Herbert von Karajan nur in Verbindung mit der Oberleitungsbushaltestelle kennen: Gerade auf viele Salzburger Einwohner hat dieses Festival stets Auswirkungen gehabt und hat es auch heute noch. Ohne Festspiele hätte sich die Stadt anders entwickelt, wäre kleinstädtischer, weniger international.

Wenn Manuel erschöpft durch die alten, immer noch übervollen Gassen nach Hause läuft, sieht er auf dem Domplatz ein außergewöhnliches, ihm bereits altbekanntes Schauspiel, welches hier bereits hundert Jahre zuvor einen Mythos begründete und eine ganze Stadt noch heute jeden Sommer wirtschaftlich, aber vor allem kulturell in Atem hält.

# ERSTER AKT

## 1. Anfänge für Jedermann

**2017**

Kurz nach acht Uhr abends endet Manuels Schicht, er kann aber die übliche Abkürzung über den Domplatz nicht nehmen. Mehrere Gestalten in einheitlichen Festspieluniformen patrouillieren vor den Zugängen zum zentralen Platz vor dem Salzburger Dom, Ordner leiten in Warnwesten zahlendes Publikum in schicker Abendkleidung oder in Tracht durch die Sicherheitsschleusen. Die ansässigen Restaurants, Kneipen und Cafés freuen sich über das große Geschäft. Mies gelaunt schiebt sich Manuel an den Passantengrüppchen vorbei, die sich an den Torbögen drängen, um einen Blick darauf zu erhaschen, was da vor sich geht, auf den Domstufen. Er läuft schließlich hinter dem Dom entlang, einen Umweg. Die Glocken der Kirche läuten aufgeregt und stürmisch. Durch die Kopfhörer des iPhones ist das fast nicht zu hören.

Auf dem Platz fühlt man sich sichtlich besonders, all der Aufwand schmeichelt den Versammelten, und, ja, es ist einfach schön, wenn der Dom sich in der Abendsonne wie gemalt hinter dem weißen

Bühnenvorhang abzeichnet, man an den Fenstern rund um den Platz steht oder auf der riesigen Zuschauertribüne sitzt. Das Phänomen lebt, und der Zauber dieses alljährlich wiederkehrenden Erlebnisses scheint ungebrochen.

Es ist in diesem Jahr 2017 schon die vierte Vorstellung des neu inszenierten Stückes *Jedermann* von Hugo von Hofmannsthal, das mit den Salzburger Festspielen in einer ganz besonderen Verbindung steht. Und heute spielt tatsächlich einmal das Wetter mit, sodass das Event, und das ist es nun wahrlich, *open air* stattfinden kann.

Und so wird die Botschaft des einfachen Stückes, nämlich dass aller Reichtum im Tode nichts nützt und allein der Glaube zählt, quasi direkt an sein Zielpublikum vermittelt. Und das äußerst eindrucksvoll.

Der österreichische Schauspielstar Tobias Moretti spielt die Titelrolle, rutscht mit vollem Körpereinsatz über die sich senkende Bühne, der Teufel krakeelt aus einer Kunstnebelkluft, und mahnende Jedermann-Rufe dringen aus jedem Winkel des abendlichen Salzburgs. Livemusiker tragen die Spannung über die Szenenwechsel hinweg, die nicht immer geraden Hofmannsthal-Verse hat Regisseur Michael Sturminger zusammengestrichen und neue Verse hinzugefügt, das Stück insgesamt verknappt um eine halbe Stunde, unserer schnelllebigen Zeit angepasst.

Die Ausstattung ist futuristisch, man spielt live. Mit Geldscheinen, die er aus einem Koffer holt, will ebendieser Jedermann übrigens nicht nur den Domplatz umbauen, sondern auch die Kirche selbst zu seinem Lusthaus machen.

## 1920

**Das Erweckungserlebnis**
Gut hundert Jahre früher ist das altehrwürdige Kirchengemäuer von solch frevelnden Ansprachen noch verschont geblieben. Der Domplatz ist zu dieser Zeit im Sommer abermals voller Menschen, allerdings ragen keine Tribünenkonstruktionen vor dem Dom auf und versperren die Sicht. Vielmehr sitzen die Zuschauer, jedermann, auf einer Ebene. Es sind Menschen eines gebeutelten Salzburgs, die ein bisschen Sorge haben, dass bei all den fremden Gästen in der Stadt die Verpflegung noch knapper wird, sich aber gleichzeitig freuen auf die Reisenden und ihre Ausgaben in der Stadt und die, hoffentlich nicht zuletzt, Theatererfahrung.

Die Schauspieler sprechen unverstärkt, vertrauen allein auf die Kraft ihres Stimmorgans, es gibt keine aufwendigen Effekte, kein Licht. Da sind nur die reine, etwas einfache, christliche Lehre des Stückes und die einzigartige Stadtkulisse.

Jedermann, *1920. Alexander Moissi als Jedermann, Johanna Terwin als Buhlschaft, Werner Krauß als Tod.*

Die Bühne im Jahr 1920 ist zeitgemäß karg konstruiert: eine Holzerhebung, auf der die Tischgesellschaft Platz nimmt. Das Bauholz stammt angeblich aus demontierten Kriegsgefangenenbaracken.

Es ist schön, ein starkes Symbol, die erste Aufführung des *Jedermann* 1920 zum Beginn der Festspiele zu erklären, arbeiteten hier doch zwei Gründerväter der Festspiele – der österreichische Schriftsteller Hugo von Hofmannsthal und der Regisseur Max Reinhardt – Hand in Hand. Dementsprechend liest man Pathetisch-Dramatisches in der Presse, im *Salzburger Volksblatt* etwa:

*Diese Aufführung »war nicht mehr Theater (…)«, und »bliebe von allem, was er [Max Reinhardt] geschaffen und gewollt, nichts übrig als die Erinnerung daran, dass er auf dem Domplatz zu Salzburg den Jedermann aufführte – seine Bedeutung wäre besiegelt, ein für allemale«.*

Rezensenten und Publikum sind beeindruckt, wenn die Domglocken einstimmen, die Sonnenstrahlen und Schatten über den Platz wandern, kurzum, wenn die »Stadt zur Bühne« wird. Sicherlich ein geniales Symbol. Doch die Konkretisierung einer Festspielidee in Salzburg entstand natürlich nicht in diesem Moment, sondern über Jahre hinweg in den Köpfen seiner Konstrukteure. Und sich dieses Ringen mit widrigen Bedingungen, das Umwerfen und Neuentwickeln von Ideen – kurz, diese Hingabe an eine Sache genauer anzusehen, ist sicher gewinnbringender als der einfache reine Glaube ans *Jedermann*-Erweckungserlebnis. Im besten Fall erschließt sich so viel von den Absichten der Gründer und viel mehr des einmaligen Geistes der Salzburger Festspiele.

**Frühe Versuche**
Besonders interessant ist es hier, sich mit den schriftlichen Äußerungen der prominentesten Gründerväter, der Erdenker der Festspiele zu beschäftigen, die da ja zuallererst Max Reinhardt und Hugo von Hofmannsthal wären, auch wenn hinter den Kulissen, im Freundeskreis der beiden und in der Stadtverwaltung, viele Namen einen Anteil an diesen frühen Überlegungen hatten.

Genauso wenig wie Hofmannsthal und Reinhardt die einzigen Begeisterten waren, die in dieser Zeit über Festspiele in Salzburg nachdachten, waren sie auch keinesfalls die Ersten, die quasi über Nacht und aus dem Nichts auf die Idee für Festspiele in Salzburg kamen. Sie reihten sich vielmehr in eine Tradition von Versuchen und Gedankenspielen ein: Genauso wie heute der Großteil von auf den ersten Blick innovativ scheinender Start-ups schnell verglimmt, erloschen auch die Hoffnungen und Pläne vieler Gründer schnell wieder. Bevor Reinhardt und Hofmannsthal dann den richtigen Riecher hatten. Was also war davor?

Natürlich hatte die enge Verwobenheit der Stadt mit Wolfgang Amadeus Mozart schon Jahre zuvor Anstöße gesetzt. 1842 beginnt die Stadt, ihren berühmten Sohn nach einer Phase der Vergessenheit wieder zu ehren, und weiht das Mozartdenkmal am Mozartplatz ein. Die internationale Mozart-Stiftung gründete sich bereits im Jahre 1870, sieben Jahre später gab es unregelmäßige Mozart-Feste in der Stadt. Frühe Pläne für einen Musentempel für Mozart wurden nicht umgesetzt. Doch die fixe Idee, dass Salzburg seinen genialen Sohn Wolfgang Amadeus so ehren sollte, am liebsten jährlich, wie es Bayreuth mit Richard Wagner tut, hatte sich in vielen Köpfen festgebrannt.

So verwundert es nicht, dass auch der große Regisseur Max Reinhardt im Angesicht der schrecklichen Zustände, die in seinem Heimatland Österreich während des Ersten Weltkriegs herrschten, in diese Gedankenwelt eintaucht.

Und noch bevor sich 1917 in Wien eine konkrete Bewegung, nämlich die Salzburger Festspielhausgemeinde gründete, reicht Reinhardt bei der Generalintendanz der k. u. k. Hoftheater seine *Denkschrift zur Errichtung eines Festspielhauses in Hellbrunn* ein. Obwohl Reinhardt hier das Festspielhaus noch gute fünf Kilometer außerhalb Salzburgs verortet, sind seine Ideen aus dem Text deutliche Keimzellen für die Salzburger Festspiele in ihrer heutigen Gestalt. Reinhardt ist sich übrigens dabei seiner Rolle als Nachfolgerdenker bereits gescheiterter ambitionierter Projekte bewusst:

*»So liegt der Gedanke, der populärsten und in der augenblicklichsten Wirkung jedenfalls mächtigsten Kunst, des Theaters, als eines der ersten Friedenswerke, ein Festspielhaus zu errichten, gewissermaßen in der Luft und ist auch in Salzburg, der Stadt, die sich vielleicht ganz besonders dafür eignet, schon mehrfach aufgetaucht.«*

Hier erwähnt Reinhardt seine Festspiele als Friedensprojekt, allerdings eher in einem Nebensatz. Die Rolle der Kunst in einem durch Krieg zerrütteten Europa beschreibt er idealistisch:

»Nie zuvor sah das Theater seine oft bezweifelte Würde vor eine ernstere Probe gestellt und niemals hat es irgend eine Probe so ehrenvoll bestanden«, heißt es gleich in einem der ersten Absätze, ohne dass dafür weitere Erklärungen gebracht werden. Was für uns heute sehr pathetisch klingen mag, war wohl Balsam für viele Künstlerseelen in einem Land auf der Suche nach der eigenen Identität.

Sonst finden sich in seinem feurigen Text viele Vergleiche zu Bayreuth: Salzburg solle weniger begrenzen und somit mehr Menschen erreichen. Weiterhin bringt Reinhardt einige Handlungsappelle an die Verantwortlichen. Daneben zählt der Regisseur penibel all die Vorteile auf, die ein solches Unternehmen für die Region mit sich bringe. Es fällt das Wort Fremdenverkehr, viel geht es um österreichischen Nationalstolz – und nicht zuletzt um Geld: Bei einer erfolgreichen finanziellen Fahrweise der Festspiele verspricht Reinhardt bereits Spenden zur »Linderung der Kriegsnot« und malt sich Stipendien aus. Bis zu den ersten finanziell erfolgreichen Festspielen sollte es jedoch noch Jahre dauern. All die Aspekte, die Breitenwirkung der Kunst, der Glanz für die Region und Österreich, das Geld, der Tourismus, das alles sind Gedanken, die Reinhardt damals ersonnen hat, die hundert Jahre später aber immer noch den Reiz und den sensiblen Balanceakt der Salzburger Festspiele ausmachen.

**Auf der Zielgeraden:**
**Selbstinterviews und Festaktreden**
Was Max Reinhardt, noch relativ ungehört, anstieß, setzt der aristokratische Dichter Hugo von Hofmannsthal fort.

All die Gespräche zwischen Hofmannsthal und Reinhardt, entweder im Schloss Leopoldskron, welches Reinhardt im Frühjahr 1918 gekauft hatte, oder auf romantischen Spaziergängen am Mönchsberg, kommen in einer zusammenfassenden Form zum ersten Mal im September 1918 zu Papier. Hofmannsthal fasst dort inhaltliche Überlegungen zusammen, drückt sein Bedauern über die aktuelle politisch-kulturelle Situation aus, aber auch seinen und Reinhardts Glauben »(…) an die reichen sich immer erneuernden Kräfte unseres Vaterlandes, an die unversiegbare Fülle von Talenten, die unvergleichlichen Möglichkeiten, die sich aus dem farbenreichen Nebeneinander der Völker und Kulturen ergeben (…)«.

*Max Reinhardt und Hugo von Hofmannsthal auf Schloss Leopoldskron.*

Es lassen sich aus diesen wenigen Worten so einige Motive für die Festspielgründung ableiten. Hofmannsthal, der sich oft in eine verklärte Vergangenheit sehnte, beschwört hier einen österreichischen Nationalstolz, stellt später auch noch Mozart in den Mittelpunkt dieser Kultur. Gleichzeitig klingen versöhnliche Motive an, die Wahrung alter Werte könnte allen Völkern nutzen. Er schließt mit Worten in diesem Sinne:

»*Zu diesem Friedenswerk, das wie kein anderes dem Prestige der Monarchie dienen könnte, müsste jetzt und heut gerüstet werden.*«

Dies schreibt Hofmannsthal in der Endphase des Ersten Weltkriegs und kurz bevor das österreichungarische Kaiserreich zerfällt. Und auch Max Reinhardt hatte Andeutungen in diese Richtung gemacht. Die Festspiele als ein Projekt für Frieden und Stabilität in Europa? So wird es bei offiziellen Anlässen immer noch gern dargestellt, sicherlich ein richtiger Aspekt. In den dunklen Zeiten nach der europäischen Urkatastrophe ist es nur logisch, dass die Gründer ihr Werk als Friedens- und Verständigungsprojekt verkaufen. Aber ist es so einfach? Festspielredner Ferdinand von Schirach setzt diesem Gedanken im Jahr 2017, Zeiten, in denen europäische Werte wieder hinterfragt werden, Folgendes entgegen: »Es ist töricht zu glauben, Zivilisation, Kultur oder Bildung würden uns retten. Noch nie konnten Literatur, Musik oder Kunst den Volkswillen aufhalten.«

Nach dieser sogenannten »Reinhardt-Memoire« fasst Hofmannsthal später im April des nächsten Jahres unter dem schon recht konkret klingenden Titel »Programmentwurf Deutsche Festspiele zu Salzburg« weitere Gedanken, die dann schon in den Mitteilungen der Festspielhausgemeinde herausgegeben werden. Hier betont er den Charakter von Mysterienspielen und nennt allen voran die Komponisten Gluck und Mozart sowie die Autoren Schiller und Goethe, plädiert weiter für die Kulturvereinigung von Süddeutschland und Österreich. Interessanter und etwas konkreter ist das letzte Schriftstück, das der Dichter ein halbes Jahr später verfasst: eine Art Fake-Interview über die Grundideen der Festspiele:

*»Um was handelt es sich da, um Oper oder Schauspiel oder um Musikfeste?*
*Um Oper und Schauspiel zugleich, denn die beiden sind im höchsten Begriff nicht voneinander zu trennen.«*

Ein Anspruch, der mit der Trennung der Festspielsparten nie so richtig Realität geworden ist.

Als Bauplatz für ein Haus wird zu der Zeit übrigens immer noch Hellbrunn diskutiert. Der hohe Qualitätsanspruch, dem man sich von Anfang an verpflichtet fühlt, wird deutlich, wenn Hofmannsthal schreibt, dass er den »unzulänglichen Kräften« der Stadttheater etwas entgegensetzen will.

Spannend ist es, wenn der Dichter Stellung zu den aktuellen technischen Entwicklungen nimmt:

*»Tragen Zehntausende Kilometer Eisenbahn nicht mehr dazu bei, daß die Nationen einander kennen, als alle Theater und Bibliotheken der Welt?*
*Umgekehrt: Die Eisenbahnen haben die Menschen einander fremd gemacht. Die Nationen sollen einander in ihrem Höchsten erkennen, nicht in ihrem Trivialsten.«*

Interessant, wie sich Hofmannsthal gegen die Technologie stellt und die Kunst weit darüber verortet. Im weiteren Verlauf der Festspiele sollte der vermeintliche Konflikt Kunst und Technologie immer wieder in großen Produktionen behandelt werden.

Von der ersten Festspielrede, die Hofmannsthal selbst im späten Jahre 1919, also mehr als ein Jahr danach, bei der Festspielhausgemeinde hielt, sind nicht mehr als die Notizen Hofmannsthals vorhanden. Aus denen lassen sich aber die Grundsteine und Themen rekonstruieren:

So notierte er sich »Festlicher Charakter der Stadt« und »ihre Vorzüge«. Man kann davon ausgehen, dass auch in dieser Argumentation die Stadt Salzburg und ihre perfekte Eignung als Kulisse für Festspiele das entscheidende Argument darstellt. Salzburg ist zu dieser Zeit eine Kleinstadt mit gut 40 000 Einwohnern, doch gerade das scheint die Gründer so begeistert zu haben. Wenn Hofmannsthal zu Großstädten notiert: »Zerstreuung bis zur Selbstauslöschung«, ist klar, warum ihn ein ruhiges Musikrefugium an der Salzach mit fünf Barockkirchen und unzählbaren weiteren historischen Gebäuden, eingeschlossen zwischen drei malerischen Berggipfeln, schnell angesprochen hat.

Interessant, wie Hofmannsthal weiter zur Durchführung notiert: »›Anstand-Tradition-kein Geschäft‹ was heisst das?-nicht schielend!-selbstständig-«

Wie lässt sich dieses Verneinen von Geschäft in die finanziellen Erwägungen einbetten, die Hofmannsthal den verantwortlichen Entscheidern gegenüber sonst gern betonte? Und bedeutet das »selbstständig« wirklich das jedwede Verneinen von Vorbildern?

Auch wenn niemand sagen kann, wie diese Rede in ihrer Endform letztlich aussah, sie war zu einem gewissen Grad vergleichbar mit den heutigen Eröffnungsreden: mehr feuriger Appell als informative Grundsatzrede.

Und letztendlich wird aus diesen vielen Ansätzen und Dokumenten eigentlich nur eines klar, was den Grund für die Gründung der Salzburger Festspiele angeht: Eine einfache Wahrheit gibt es nicht, denn ihr Festspielunterfangen mussten Reinhardt und Hofmannsthal vielen Parteien schmackhaft machen.

Die Gründung der Festspiele als Mission für den Frieden zu verklären, aufgrund zweier Beiwerksätze, die sicherlich auch schon damals gut und allgemein verträglich ankamen, kann also eine zu einfache Lösung sein. Hofmannsthal und Reinhardt waren gewiefte Taktiker und wussten als gute Redner, an welcher Stelle und mit welchen Worten sie Menschen triggern konnten. Genauso wie, auf der anderen Extremseite, die Vorwürfe der Geldgeilheit an die Gründer, wie sie beispielsweise der Historiker Oliver Rathkolb formuliert, nur ein Mosaikstein sein werden: »Nur wenn's um Geld geht, wird er [Hofmannsthal] zum Europäer.«

Auch ein rückwärtsgewandter Patriotismus wird wohl als alleiniger Beweggrund für die Festspielgründung nicht bestehen können.

Vielmehr sind die vielen kleinen Salzburg-Mosaiksteine Exklusivität, Breitenwirkung, Geschäft und Kunst, Tradition und Moderne sowie Europa und Österreich alle in diesem Unternehmen verwoben, von Anfang an. Und in den Epochen der Festspielgeschichte sind einzelne von ihnen, wie sich zeigen wird, auf reizvolle Weise heraus- oder zurückgestellt worden.

Doch alles beginnt mit einer Aufführung.

**Ins kalte Wasser**

Auch wenn es, trotz aller Initiativen, nicht zum Bau von Festspielhäusern kommt, entschließt sich die Salzburger Festspielhausgemeinde, im Frühjahr 1920 mit einer Aufführung die Festspiele zu starten. Da das geplante Eröffnungsstück, Pedro Calderóns »Das große Welttheater« in einer Bearbeitung von Hofmannsthal, nicht fertig ist, entscheidet man sich für Hofmannsthals *Jedermann*, der in der Inszenierung von Reinhardt bereits erfolgreich in Berlin uraufgeführt wurde.

»Glockenläuten« lautet die erste Anmerkung in Reinhardts Regiebuch. Wer aber genau zuerst die Ären überdauernde Idee des Spieles auf dem Domplatz hatte, ist nicht genau zu sagen. Zu belegen ist, dass die erste Aufführung am 22. August auf dem Domplatz um 17 Uhr bei warmem Sommerwetter ein Erfolg wird, auch weil alle von Reinhardt geplanten Natureffekte gelingen und eine brillante Stimmung bewirken.

Mehr gibt es in diesem ersten kleinen Festspieljahr übrigens gar nicht zu sehen, den Organisatoren ist danach auch wenig nach Feierei zumute. Stattdessen macht man sich sofort an die Planung des nächsten Jahres. Hier kommt es zu finanziellen Engpässen und einem uneinheitlichen Programm, was zu Streit zwischen den Gründern führt. Symptomatisch für die durchweg schweren Anfangsjahre der Salzburger Festspiele ist der zweite *Jedermann*.

1921 regnet es bei einer Aufführung. Man zückt noch fatalistisch die Schirme, während man heute stattdessen ins Große Festspielhaus ausweicht. Das Salzburger Wetter verregnet eine weitere Aufführung, und die Domglocken dürfen nicht erklingen. Bürger der Stadt hatten sich, teils antisemitisch ausfallend, über deren Verwendung im Theaterspiel beklagt. Und so mussten Reinhardt, Hofmannsthal und Konsorten sich in den Anfangsjahren ihrer Unternehmung nicht nur vor der Kulturpolitik rechtfertigen, sondern auch üble Anfeindungen vonseiten der Salzburger Bürger und der Presse ertragen. Die ersten Jahre der Festspiele bewegen sich stets, anders als heute, am Rande ihrer Machbarkeit und sind im größten Maße finanziell abhängig von staatlichen Förderungen, die unstet fließen. 1923 lädt Reinhardt in sein privates Schloss Leopoldskron, die finanzielle Situation der Festspiele ist prekär. Aber das künstlerische Niveau der Veranstaltung scheint hoch gewesen zu sein, so loben die Presse und das immer größer werdende Publikum. Doch schon bald sollte die erste erschütternde Krise die zarte Salzburger Festspielpflanze bedrohen.

## 2. Personen

Sicherlich gehört der Komponist **Richard Strauss** mit zu den Personen der ersten Stunde der Salzburger Festspiele. Doch steigt sein Wirken innerhalb der Jahre stetig an, ihm ist deshalb Platz im nächsten Kapitel gewidmet.

Der Jurist **Friedrich Gehmacher** und der Journalist **Heinrich Damisch** hatten sich schon lange vor den eigentlichen Gründern in Salzburg für den Bau des Mozarteums eingesetzt und brachten auch viele Argumente in die Festspielgründungsdiskussion mit ein. Sie gründeten schließlich 1917 die Salzburger Festspielhausgemeinde. In deren Kunstrat saß auch der Dirigent und Direktor der Wiener Staatsoper **Franz Schalk**, der viele musikalische Entscheidungen mittrug. In den ersten schweren Jahren hätten die Festspiele wohl nie bestehen können ohne ein gutes Verhältnis zu den Wiener Institutionen Burgtheater und Staatsoper und die enge Zusammenarbeit mit den Salzburger Politikern. Dass diese die Wichtigkeit der Initiative für die Region erkannten, ist ein Schlüssel zum Erfolg gewesen. In vorderster Reihe ist hier der Landeshauptmann **Franz Rehrl** zu nennen. Er rettete die zarte Pflanze Salzburger Festspiele oft vor dem finanziellen Ruin. Bis er von den Nationalsozialisten verhaftet wurde, wollte er die Kultur in Salzburg fördern und setzte sich klug in allen politischen Verzweigungen dafür ein. Und nicht zuletzt soll auch der ersten Ehrenbürgerin der Stadt Salzburg gedacht werden, deren jahrelanger Einsatz für Kulturevents in der Stadt die Ausgangssituation der Gründer komfortabler machte. Die Sopranistin **Lilli Lehmann** hatte die Mozartfeste Anfang des 20. Jahrhunderts mit initiiert und darüber hinaus ihr Leben lang für ein Mozarteum gesammelt und gekämpft. 1914 konnte das Gebäude, heute eine der wichtigen Festspielstätten, vom Geld Salzburger Bürger eröffnet werden. Lehmann kann, gerade weil sie die letztendlichen Festspiele immer kritisch beäugte, stellvertretend stehen für all die ungezählten Menschen, die Jahre vor den Festspielen oder unsichtbar im Hintergrund ihre Gründung möglich machten.

## 3. Die besondere Geschichte

### Wie der ungewollte *Jedermann* zur Legende wurde

Über die schöne *Jedermann*-Gründungsgeschichte vergisst man schnell, dass Hugo von Hofmannsthal eigentlich ein anderes Stück für die Eröffnung der Festspiele vorgesehen hatte. Der Dichter arbeitete schon länger an *Das Salzburger große Welttheater*, seine Version des Stückes von Pedro Calderón aus dem 17. Jahrhundert. Doch weder seine Dichtung noch die ursprünglich dazu geplante Musik von Richard Strauss waren rechtzeitig fertig geworden.

Erst 1922 wurde das Stück in der Kollegienkirche aufgeführt, in Reinhardts Regie und mit Musik von Einar Nilson. Das war damit auch die erste Uraufführung bei den Festspielen. Hofmannsthal übernimmt darin Calderóns Metapher der Welt als Schaugerüst, in dem sich Reiche, Könige und Sünder tummeln, beobachtet vom Tod. Obwohl für Salzburg konzipiert, setzt sich über die Jahre dann aber doch ein anderes Moralitätenspiel durch, der bereits bekannte *Jedermann*.

Auch dieses Stück ist, wie das Welttheater, eine Adaption eines alten Stoffes, des Everyman-Plays eines anonymen englischen Verfassers.

Bereits 1911 hatte das Team aus Reinhardt, Hauptdarsteller Alexander Moissi und Komponist Einar Nilson das Stück in einem Zirkus in Berlin uraufgeführt. Die Kritiken waren vernichtend. Auch am Salzburger Landestheater wird das Stück aufgeführt, bevor es dann endlich 1920 auf dem Domplatz landet.

### Die *Jedermann*-Chronik

Bis auf kurze Unterbrechungen wird das Stück dann jedes Jahr bei den Festspielen gespielt und ist immer wieder wohl die bestbesuchte Veranstaltung. Warum funktioniert das? Das Stück ist leicht verständlich, katholisch, manche Kritiker sagen: bieder. Fest steht, das Spiel vom Sterben des reichen Mannes ist ein Dauerbrenner beim konservativen Salzburger Publikum, welches die Veranstaltung meist in Tracht besucht. Der eindrucksvolle Domplatz ist die optimale Bühne für das Stück. 1936 ist der Thronfolger Italiens Ehrengast einer Vorstellung.

Jedermann, *1936. Die Gäste der ersten Reihe: Eduard Baar-Baarenfels (2. v.l.), Kurt von Schuschnigg (3. v.l.), Umberto von Piemont (4. v.l.), Guido Schmidt (5. v.l.).*

Aussetzen musste der *Jedermann* auf Geheiß von Joseph Goebbels in den Jahren 1938 bis 1945. Zum ersten Mal nach dem Zweiten Weltkrieg wird er dann 1946 und die Jahre darauf immer noch im Geiste der Regie Max Reinhardts aufgeführt. 1958 steht zum ersten Mal eine TV-Übertragung von den

Festspielen an, natürlich ist der *Jedermann* unter den gesendeten Stücken. Zu Karajan-Zeiten verpasst ihm 1961 Reinhardts Sohn Gottfried eine prunkvolle Kur. Ernst Krenek komponiert dazu eine neue Musik. Während Karajan immer mehr zur wichtigen Alleinherrscherfigur in Salzburg wird, wird auch der altehrwürdige *Jedermann* immer mehr um den Kult seines Hauptdarstellers herum gebaut, die Inszenierung scheint zweitrangig.

1973 werden zum ersten Mal Mikrofone zur Stimmverstärkung genutzt. Große Namen in der Rolle des Jedermann wie Curd Jürgens und Maximilian Schell sorgen auch außerhalb der Bühne für Aufsehen. Schell fordert schließlich einen Gratis-*Jedermann* auf dem Domplatz – und bekommt ihn nach erpresserischer Aktion gegen Kollegen und Festspielleitung, wobei er dort fröhlich erklärt: Die Festspiele gehören den Salzburgern. Auf Schell folgt Klaus Maria Brandauer 1983 und setzt so das Who's who der deutschsprachigen Darsteller fort.

Gegen Ende der Karajan-Ära soll Regielegende August Everding den *Jedermann* modernisieren. Sein Konzept sieht eine um 180 Grad gedrehte Bühne sowie Wohnwagen, Rolls-Royce und viele Lichteffekte vor. Das Direktorium schmettert die Vorschläge mit dem Argument der astronomischen Kosten ab.

*Jedermann* bleibt aus der Zeit gefallen, selbst in der Erneuerungsära eines Gerard Mortier. Da soll der Text von großen Namen wie Peter Handke, Botho Strauß oder Hans Magnus Enzensberger überarbeitet werden. Letztendlich kommt es aber zu keiner dieser Versionen. Danach gibt Peter Simonischek ab 2002 den Jedermann und verkörpert ihn acht Jahre lang. Ab 2013, in der Inszenierung des US-Amerikaners Brian Mertes und des Briten Julian Crouch, wird das Stück zum Event und zu einer wilden Stilmischung. Beständig bleibt die Weisheit, die Andres Müry in seinem Buch über den Salzburger Kult ausspricht:

»Das Stück ist seit Jahren die Cash Cow der Festspiele, jede Veranstaltung beinah ausverkauft. Über zehnmal. 2500 Zuschauer pro Freilichtvorstellung.«

Und so wird voraussichtlich die Flamme des *Jedermann* noch einige Jahre weiterbrennen, ob nun gekürzt oder doch mal reißerisch modernisiert.

Und er funktioniert in vielen Erzählungen weiterhin als Symbol für die Gründung der Festspiele, wenn man mitbedenkt, was alles davor kam und dahintersteht.

# ZWEITER AKT

## 1. Mystische Abgründe –
## Besatzung und bessere Welt

**2017**

Die Felsenreitschule ist sicher einer der einmaligen und unverwechselbaren Orte der Festspiele und hat gleichzeitig eine atemraubende und bedrückende Wirkung auf sein Publikum. Wer hier seine ersten Salzburger Festspielerfahrungen sammelt, ist gleich ein bisschen betört. Dieses Monument, in den Fels gehauen, erscheint beim ersten Betreten immer irgendwie kühl und unnahbar. Die Bogengänge an der Rückwand stieren wie leere Augenhöhlen in den Zuschauerraum, der sich unsagbar steil dagegen aufzutürmen scheint. So ist diese älteste Spielstätte ein Relikt aus vormenschlichen Tagen, gleichzeitig Zeitenüberdauerer und archaische Kultstätte.

Heute gibt es hier eine Messe: Passend zum Raum wird ein wahrhaft mythischer Stoff behandelt. Ein Gottesdienst für die Musik ist das, was der britische Dirigent John Eliot Gardiner mit seiner konzertanten *Orfeo*-Deutung hier veranstaltet.

Der Urtümlichkeit des Saales ist er sich bewusst und macht gemeinsam mit seinem Regisseur ein wahres Mysterienspiel aus der ersten populären Oper der Musikgeschichte von Claudio Monteverdi.

Passenderweise wird in diesem Werk die Musik selbst zur Waffe. Wenn Orpheus mit seiner Leier den Wächter der Unterwelt in den Schlaf singt, dann ist es, als würde man als Zuschauer einer geschlossenen Sekte zusehen, die einen sakralen, wunderbaren Gegenstand zelebriert. Dann werden die Augenhöhlen in der Felswand blau schimmernd erleuchtet, und die Bläser stehen wie altehrwürdige Statuen in den Querbögen, schmeißen das Publikum in die Unterwelt oder in die plötzliche Katharsis. Schon der Beginn, das Hauptthema nach der schmetternden Ouvertüre, wird von den Streichern so wunderbar ausgekostet, dass man in diesem Moment uneingeschränkt den großen Qualitätsversprechen der Festspiele glauben mag. Gänsehaut befällt das Publikum, wenn der Chor der Unterweltnymphen ein raues Crescendo auf einer Note anstimmt, um dann im Schlusschor mit feierlicher Hymne in natürlicher Lagerfeuerlockerheit abzuschließen.

Aber ist es allein die grandiose Musik? Nein, der Ort ist es, der viel zu dieser genialen Stimmung beiträgt.

## 1938

### Programmkorrekturen
Es ist genau an dieser für die Festspiele so bedeutenden Stelle, an der die Nationalsozialisten zum

ersten Mal wirklich ins Geschehen der Festspiele eingreifen.

Seit 1933 wurde in der Felsenreitschule Goethes *Faust I* gespielt, in einer Inszenierung des Festspielgründers Max Reinhardt. Dafür hatte der Salzburger Architekt Clemens Holzmeister in die Felsenreitschule eine eigene Bühne gebaut, ein beeindruckender Bau, die *Fauststadt*.

Faust, *1933–1937. Für die Aufführungen wurde von Clemens Holzmeister als Bühnenbild eine Fauststadt errichtet.*

Unter immensen Kosten wurde hier die Silhouette eines mittelalterlichen Salzburgs nachgebaut. Dieser Bau muss an diesem ohnehin schon magischen Ort atemberaubend bis überfordernd gewirkt haben. Von einem »Sensationsstück für die Massen«, auf einer riesigen Bühne – »40 mal 50 Meter werden bespielt« – berichtet die *Deutsche Tageszeitung Berlin* – und andere Medien zählen begeistert die Prominenten auf, die die – leider verregnete – Premiere besuchen: Marlene Dietrich, Stefan Zweig und Otto Klemperer sind unter ihnen.

Auch wenn nicht alles auf Begeisterung stößt, der Plan Reinhardts scheint aufzugehen.

Er wollte den *Faust* unbedingt einer großen Masse auf populäre, spektakuläre Weise nahebringen, denn »das größte Werk des größten deutschen Dichters wird dem Volk immer fremder«.

*Programmhefte der Salzburger Festspiele aus dem Jahr 1938. Links wird Max Reinhardt noch genannt, kurz darauf wird der Regisseur beim Nachdruck gestrichen.*

Wenig später sind Reinhardts Bemühungen, Träume und Visionen einfach ausgelöscht.

Ein Blick in die Programmflyer des Jahres 1938 zeigt das ganze Ausmaß der Einmischung der neuen Besatzer anhand weniger Buchstaben. In diesem Fall muss man jene beachten, die fehlen. Wird Max Reinhardt auf dem im Januar 1938 gedruckten Programm noch vorne angeführt, so ist er im einige Monate später – mittlerweile haben die Nationalsozialisten Salzburg besetzt – hastig nachgedruckten Prospekt bereits ausgemerzt. Statt auf *Faust* setzen die Nationalsozialisten auf *Egmont*, die jahrelang gepflegte *Faust*-Stadt in der Felsenreitschule wird, recht einfallslos, in eine *Egmont*-Stadt umgewandelt.

Die Begründung für die Programmänderungen ist fadenscheinig, antisemitisch und hört sich in der *Salzburger Zeitung* vom 9. Juli 1938 wie folgt an:

»*Dafür sind andere Werke, die allzu sehr belastet und angekränkelt von dem arroganten Snobismus ihrer künstlerischen Interpreten und vor allem ihrer künstlerischen Leiter erschienen, bewusst abgesetzt worden.*«

**Der Weg zur Besatzung**
Es ist unglaublich, wie die Stimmung in der Stadt Salzburg so schnell wechseln und ein erfolgreicher, wegweisender Künstler so rasch zum Buhmann werden konnte. Wie konnte es dazu kommen?

Schon vor 1938 hatten sich in Salzburg starke deutschnationale Bewegungen gezeigt. Diese hetzten über ihre Propagandaabteilungen oder über die Medien, sabotierten oder wurden gar gewalttätig. Nur ein Jahr nach Reinhardts *Faust*-Premiere hatte es 1934 sogar einen Anschlag auf die Festspiele gegeben.

Das beschreibt der damalige Festspielpräsident Heinrich Baron Puthon in seinen Tagebuchaufzeichnungen:

»*Am 17. Mai 1934 um 18 Uhr wurde das Basin eines Brunnens im Eingang zum Festspielhaus, in welches von den Nazis eine Ekrasit-Bombe gelegt wurde, zertrümmert, ebenso das Mosaik in der Eingangshalle, sowie die Türen und das Glasdach des Foyers.*«

Festspiele können in dem Jahr nur unter ständigen Sicherheitskontrollen stattfinden, die man sich heute, dank mächtiger Polizeipräsenz und Taschenkontrollen, sogar Metalldetektoren beim *Jedermann* auf dem Domplatz, im Ansatz wieder vorstellen kann.

Nichtsdestotrotz entwickeln sich die Festspiele in den Jahren 1934 bis 1937 so glanzvoll wie selten zuvor. Grund dafür ist die exklusive Präsenz eines Weltstars in dieser Zeit.

Der in Europa und den Vereinigten Staaten gefeierte Dirigent Arturo Toscanini kehrt aufgrund der immer stärker werdenden faschistischen Tendenzen Italien und seinem Wirkungsort Bayreuth den Rücken und dirigiert bei den Festspielen. Die florieren. Für Konzerte mit Toscanini werden zwanzig Prozent höhere Preise veranschlagt, die Besucherzahl steigt über die Jahre dennoch von 29 000 auf über 50 000. Viele Menschen kommen aus Japan, Südafrika und dem Nahen Osten. Salzburg ist einige Momente vor der großen Katastrophe so erfolgreich und international wie selten.

Der nächste Schritt in Richtung eines dramatischen Umbruchs und einer dunkleren Festspielzukunft kündigt sich im Februar 1938 an.

Toscanini entscheidet sich, in diesem Jahr nicht nach Salzburg zu kommen, und seine Entscheidung wird direkt von einem einbrechenden Kartenvorverkauf begleitet. Grund für diesen schwerwiegenden Entschluss des Italieners scheint die unsichere politische Situation zu sein. Der österreichische Kanzler hatte am 12. Februar Adolf Hitler auf dem Obersalzberg getroffen und ein Abkommen unterschrieben, welches den Nationalsozialisten in Österreich politische Handlungsspielräume erwachsen ließ. Toscaninis dunkle Vorahnung trügt ihn nicht.

Einen Monat später marschieren die Deutschen in Salzburg ein und werden von vielen Menschen freundlich, beinahe als Retter, empfangen. Offiziell ist Salzburg am 11. März ab 21 Uhr in den Händen seiner Besatzer, der Anschluss ist unblutig vollzogen. Die Glocken läuten Sturm, diesmal nicht für die Kunst, sondern aufgrund einer politischen Ideologie.

Nach der Besatzung tut das *Volksblatt* die letzten fünf Jahre, 1933 bis 1938, Festspiele schlicht als »jüdischen Hexensabbath« ab und zeigt damit der Nachwelt unfreiwillig die Bedeutung und den freien Geist, den sich die Veranstalter in diesen Jahren offensichtlich bewahrt hatten.

Dieser Geist ist nun verschwunden. Neben Reinhardt müssen auch Toscanini und Bruno Walter auf den Programmen ersetzt werden. Hans Knappertsbusch und Wilhelm Furtwängler springen in die Bresche.

Nun dominiert das bildungsbürgerliche Programm, wenn es denn nicht mit den Idealen des Dritten Reiches kollidiert. Es stehen viele Namen wie Mozart, Goethe und Strauss im Programm. Statt *Jedermann*, der abermals in der Geschichte der Festspiele pausiert, führt man nun das *Lamprechtshausner Weihespiel* auf, das in nationalen Gesängen und Hitlerrufen endet.

In den 1940er-Jahren laufen die Festspiele weiter, ab 1943 als Salzburger Musik- und Theatersommer, die Zahl der Aufführungen variiert stark. Das Publikum besteht aus Soldaten auf Fronturlaub, organisierten Gruppen aus Deutschland und Österreich. Ausländische Besucher werden dagegen rar.

Unstet geht es später in den Jahren zu, in denen der Zweite Weltkrieg tobt, die Festspiele sind defizitär, die Wiener Philharmoniker spielen sogar in Eigenregie Konzerte, im Jahr 1944 schließlich gibt es nur noch eine Generalprobe, die um die tausend Menschen besuchen, es erklingt *Die Liebe der Danae* von Richard Strauss.

*Clemens Krauss dirigiert die Generalprobe der* Die Liebe der Danae. *Die geplanten Aufführungen der »heiteren Mythologie in drei Akten« müssen abgesagt werden.*

### Der große Richard Strauss

Über diesen deutschen Komponisten, der in der Literatur oft das Gründerduo Hofmannsthal und Reinhardt zum Trio vervollständigt, ist hier noch nicht viel gesagt worden. Ganz bewusst steht das nun an dieser Stelle, dort wo Strauss' Geschichte mit den Festspielen eigentlich schon wieder endet und gleichzeitig ihren berührendsten Moment erlebt. Auf eine ganz wunderbare, furchtbare Weise. Im Angesicht der Kriegsschrecken der letzten Tage fühlen hier bei der *Danae*-Generalprobe alle Beteiligten ganz unwiederbringliche Momente, wie sie später berichten. So schreibt der Regisseur Rudolf Hartmann:

*»Zutiefst berührt und im Innersten aufgewühlt, glaubte man die Gegenwart unserer Gottheit »Kunst« beinahe körperlich zu fühlen und erlebte eine der kostbaren, ganz seltenen Stunden, in denen alle Mühsal im Dunkel der Vergessenheit versinkt, überstrahlt von dem unerhörten Glück reinsten geistigen Genusses.«*

Richard Strauss war von Anfang an in die Festspielplanung miteinbezogen, war er doch mit Reinhardt und Hofmannsthal gut befreundet – seine Beziehung zu Salzburg schon lange innig.

Strauss verehrte Mozart und hatte bereits 1906 beim Salzburger Musikfest an der Salzach dirigiert. Seine Bedeutung für die Festspiele ist trotzdem wechselhaft. Er arbeitet an der Musik für *Das Salzburger große Welttheater*, ohne Ergebnis, und bei der ersten *Jedermann*-Aufführung ist er in der Welt unterwegs. Und doch ist es auch Strauss, der die musikalischen Beiträge der ersten Jahre prägt und mit *Don Giovanni* im Jahre 1922 auch die erste Oper der Festspiele dirigiert. Im gleichen Jahr wird er Präsident der Salzburger Festspielhausgemeinde, hat aber wohl wenig Zeit für diese Aufgabe, da er gleichzeitig immer noch als Operndirektor in Wien verpflichtet ist.

Nach seinem Ausscheiden aus dem Präsidentenamt wird das Verhältnis zu Salzburg komplizierter. Als das Regime in Deutschland um Joseph Goebbels ihm, dem Vorsitzenden der Reichsmusikkammer, die Fahrt nach Salzburg verbietet, ringt er lange mit sich, fährt dann doch. Seine offenen Worte in einem Brief an seinen jüdischen Librettisten Stefan Zweig kosten ihn dann letztendlich sein Amt in Berlin:

»*Daß ich den Präsidenten der Reichsmusikkammer mime? Um Gutes zu tun und größeres Unglück zu verhüten.*«

Doch Strauss feiert auch ohne andauernde Fürsprache der Politik noch große Erfolge.

Ein Glanzstück, ganz ähnlich der Gründerzusammenarbeit *Jedermann* von Hofmannsthal und Reinhardt, ist der 1911 uraufgeführte *Rosenkavalier*, Musik von Strauss und Libretto von Hofmannsthal, der dann 1939 noch in Salzburg erklingt. Noch dazu vereint sich Mozart'scher Gestus in dem Werk, dem die Schwere der letzten Strauss-Opern fehlt. Ein perfektes Salzburg-Stück, das glänzend ankommt.

Eigentlich soll 1944 zu Strauss' achtzigstem Geburtstag eine besondere Uraufführung stattfinden, doch die Festspiele werden abgesagt: Kurz zuvor hatte die Widerstandsgruppe um Graf von Stauffenberg versucht, auf Adolf Hitler ein Attentat zu verüben und so dem Dritten Reich ein Ende zu bereiten.

Und so spricht der alte Komponist Richard Strauss in Salzburg bei dieser bereits erwähnten, legendär gewordenen Probe zu seiner eigenen Oper *Die Liebe der Danae* mit gebrochener Stimme den viel zitierten, mannigfaltig umgestellten Satz zu den Wiener Philharmonikern: »Vielleicht sehen wir uns in einer besseren Welt wieder«.

**Die bessere Welt und ein neues Erfolgstrio**
Es ist ein erstes Wunder, dass schon im Jahr 1945 wieder Salzburger Festspiele stattfinden, auch wenn es sich ehrlicherweise eher um eine lose Ansammlung von Konzerten handelt. Der amerikanische Oberbefehlshaber Mark W. Clark eröffnet das Festival und spricht von einer »Feier zur Wiedergeburt der kulturellen Freiheit«. Gleichzeitig ist es den Amerikanern wohl wichtig, einen hochkulturellen Gegenpol zum sowjetisch verwalteten Wien zu schaffen. Es gibt eine Oper, und die Wiener Sängerknaben treten auf, in ihnen zur Verfügung gestellten Anzügen, denn sie besitzen nur noch die Uniformen der Hitlerjugend.

Später setzt man auf ein buntes Mixprogramm, Präsident Heinrich Baron Puthon wird wieder in sein Amt eingesetzt, bevor dann 1947 eine bemerkenswerte Aufführung ansteht. Der Komponist Gottfried von Einem und der Regisseur Oscar Fritz Schuh arbeiten zusammen und bringen von Einems Oper *Dantons Tod* in Salzburg auf die Bühne. Eine Uraufführung.

Eine Zeitenwende, die Schuh später in seinem Buch *Salzburger Dramaturgie* festhält: Dass als erste Neuproduktion der Festspiele nach dem Krieg eine zeitgenössische Oper erklingt und nicht etwa ein Repertoirewerk, ist für den Regisseur ein wichtiger Schritt. Er wird den Verlauf der nächsten Festspieljahre prägen und Salzburg einen zeitgemäßen, unmittelbaren Charakter verpassen.

»Bewegung kann die Zukunft antizipieren, ohne die Vergangenheit zu verleugnen.« Dieses Credo von Schuh kommt in diesen Jahren in Verbindung mit einer neuen, spielfreudigen Sängergeneration, und der Regisseur sieht hierin die Stärken der Festspiele, die nun ein Vakuum füllen müssen, ja, dürfen. Stolz, aber nicht verklärt wird Schuh später auf diese ersten Jahre nach dem Weltkrieg zurückblicken, als eine Ära, in der neue Produktionen, ja eine neue Richtung für Salzburg etabliert wurden.

Die Carte blanche wird sich wohl keinem anderen Festivalmacher an der Salzach wieder so bieten. Neben Schuh, der das Salzburger Schauspiel in eine offenere Richtung trieb, war es vor allem Gottfried von Einem, der den Festspielen ein neues Profil gab.

Als seine Oper *Dantons Tod* am 6. August 1947 bei den Festspielen aufgeführt wird, ist das ein sensationeller Erfolg. Kritik und Publikum jubeln, die Oper wird darauf auf der ganzen Welt gespielt. Von Einem bringt sie die Berufung in die Festspielleitung ein.

Nun will er gemeinsam mit Schuh die behutsame Reformation der Festspiele durchführen. Die Konzerte sollen eine klare programmatische Linie erhalten, im besten Fall soll es jedes Jahr eine Uraufführung, zumindest aber eine große zeitgenössische Produktion in Salzburg geben.

Zu Silvester erhält der Komponist von Einem einen frechen Brief, indem ihn eine gewisse Person auf eine gänzlich andere programmatische Linie bringen will und folgendermaßen schließt: »Falls nicht, müssen Sie sich der ewig gestrigen Schar der Querulanten anschließen, die meinen Weg auch stets gesäumt haben.« Der Absender ist nach einem Auftrittsverbot wegen seiner zweifelhaften Haltung zum NS-Regime wieder kurz davor, aktiv und ziemlich bestimmend in Salzburg mitzuwirken – der Dirigent Herbert von Karajan, dessen Wirken im nächsten Kapitel im Zentrum stehen wird.

*Gottfried von Einem und Oscar Fritz Schuh im Gespräch, 1953. Zusammen konnten der Komponist von Einem und der Regisseur Schuh mit der Oper* Dantons Tod *in Salzburg große Erfolge feiern.*

**Tradition gegen Moderne**
Mitunter gegen dessen Veto und immer in Konflikt mit Karajan schafft es von Einem auch in den darauffolgenden Jahren, Uraufführungen in Salzburg

zu platzieren. Werke von Frank Martin oder Carl Orff kommen beim Publikum nicht durchweg gut an, viel Konservatismus füllt die Reihen in den Häusern. Nichtsdestotrotz gehen von Einem, Schuh sowie Ausstatter und Bühnenbildner Caspar Neher ihren Weg, den sie in der Tradition des Gründertrios sehen, weiter, auch wenn es immer wieder Kritik an dieser Cliquenbildung und ihrem ungetrübten modernen Geist gibt.

1951 feiern die drei einen riesigen Erfolg und erleben gleichzeitig ein finanzielles Fiasko. Alban Bergs *Wozzeck*, zum ersten Mal bei den Festspielen, weckt beim Salzburger Publikum kein Interesse, für die letzten beiden Vorstellungen werden nur 50 Karten verkauft. Die Presse im In- und Ausland bejubelt die Aufführung frenetisch, man spricht von der »besten Opernaufführung seit 30 Jahren«.

Der Mitschmied des Erfolgs von Einem muss ausgerechnet in diesem Jahr des künstlerischen Erfolgs die Festspielleitung verlassen.

Sein Verhältnis und sein Eintreten für die Verleihung der österreichischen Staatsbürgerschaft an Bertolt Brecht waren ihm zum Verhängnis geworden. Von Einem hat Brecht still und leise zur österreichischen Staatsbürgerschaft verholfen, dieser verspricht dafür, an einem Stück für Salzburg zu arbeiten, vor dem Hintergrund des Kalten Krieges ein kulturpolitischer Skandal. Von einer »kulturbolschewistischen Atombombe, die auf Österreich abgeworfen wird«, schreibt *Die Presse* in Wien, und die eindringliche Wortwahl zeigt: Ungewollt waren die Festspiele schon wieder höchst politisch geworden. Doch die Reaktion erfolgt schnell. Nach einer kurzen Debatte und Streitereien mit dem Salzburger Landeshauptmann Josef Klaus wird von Einem im Oktober aus dem Direktorium ausgeschlossen. Es kann gut sein, dass ihm neben der vorgeschobenen Begründung auch sein Erneuerergeist letztlich den Kopf kostete.

Einblick in die Geschehnisse der Festspiele hat der Komponist von Einem aufgrund seiner vielen Freundschaften dort trotzdem, und ein paar Jahre später wird er zum Vorsitzenden des vom Direktorium neu gegründeten Kunstrats, der bei der Programmgestaltung der Festspiele mitwirken soll, berufen. Im Endeffekt aber eine, gegen die Direktion und Karajans Entscheidungen, machtlose Position. Schuh, von Einem und Neher arbeiten jedoch stetig weiter in Salzburg, sehen allerdings viele ihrer Ambitionen enttäuscht dahinschwinden. So schreibt Neher 1962 über Salzburg, »dort wo man langsam zum Broadwaytheater herabsinkt und kein Niveau mehr duldet als den Schnick-Schnack und den Bluff«. Und so bricht die Welle der Erneuerung an steifen Institutionen in Salzburg und großen Egos.

Und doch bleibt der Eindruck, dass diese ersten Jahre nach der zweiten Kriegskatastrophe in Europa den Salzburger Geist erneuert, oder zumindest wichtige Elemente hinzugefügt haben. Endlich hatten die Festspiele eine, wenn auch nur teilweise erfolgreiche, Uraufführungstradition auch abseits von Richard Strauss, und es entstand ein Gespür für Kunst fern des Musealen. Diese Jahre setzten ein nie gänzlich verschwundenes Zeichen:

Und so soll dieses Kapitel dort schließen, wo es begann, in der Felsenreitschule. 1948 wird hier zum ersten Mal eine Oper gespielt, also eine neue Standortbestimmung vorgenommen, die Opern in Salzburg die nächsten Jahre prägen wird. Den Ort setzen Karajan und Schuh entgegen vieler Bedenken durch.

Und es geht, wie auch 2017 bei Gardiner, wieder um die Macht der Musik und den Orpheus, wenn auch hier mehr klassisch exerziert als Vorbarockmythisch.

Karajan dirigiert *Orfeo ed Euridice* von Christoph Willibald Gluck in der Regie von Schuh, der diesen Ort gewieft zu nutzen weiß: Im Elysium öffnet sich das provisorische Regendach und gibt den Blick auf den klaren Salzburger Sternenhimmel frei. Und angesichts dieser heilen, besseren Musikwelt ist es fast unglaublich, dass die größte europäische Katastrophe nur gute drei Jahre zurückliegt. Salzburg kommt schnell wieder auf die Überholspur.

## 2. Personen

Die Zeit, in der sich die Festspiele immer mehr einen sicheren Platz im Konzertleben der Welt erkämpften, bevor die Besetzung Österreichs für neue

Probleme sorgen sollte, war eine der großen Maestri. Jeder Dirigent, der etwas auf sich hielt, wollte bei den Festspielen dirigieren. So kommt es, dass viele der heute für uns legendären Dirigenten mit der Geschichte der Festspiele mal mehr, mal weniger verknüpft sind.

Eine zwiespältige Personalie dieser Zeit ist wohl der Dirigent **Clemens Krauss**. Krauss, Nachfolger von Schalk an der Wiener Staatsoper, bestimmte das Musikleben in Salzburg beträchtlich ab den 1930er-Jahren. Er galt als äußerst ehrgeizig, interpretierte mit Vorliebe Werke seines Freundes Richard Strauss, leitete auch die legendäre Generalprobe der »Danae« 1944. Das alles war ihm möglich aufgrund seines guten Verhältnisses zum NS-Regime, aufgrund dessen ihm Adolf Hitler persönlich ab September 1941 gar die Generalintendanz der Festspiele anvertraute.

Er stand stets in einem Konkurrenzverhältnis zu **Bruno Walter**. Walter, der aus einer deutsch-jüdischen Familie stammte, emigrierte nach dem Anschluss Österreichs im Jahr 1938 und setzte seine grandiose Karriere in den USA fort. Davor hatte er seit 1925 viele Einsätze bei den Festspielen und kehrte auch ab 1949 wieder im Sommer nach Salzburg zurück. Dort sprach sich Walter mit einem anderen großen Konkurrenten aus: **Wilhelm Furtwängler**. Der debütierte mit einem Orchesterkonzert der Wiener Philharmoniker 1937 in Salzburg und dirigierte dort auch, während der Zweite

Weltkrieg tobte. Ab 1952 war er als musikalischer Leiter mitverantwortlich für die Planung und dirigierte und inszenierte bis zu seinem Tode zwei Jahre später noch maßgebliche Aufführungen.

## 3. Die besondere Geschichte

**Zentrum der Kulturmacht – der Festspielbezirk**
Wer heute die Hofstallgasse entlanggeht, ist tatsächlich ehrwürdig erschüttert ob der schieren Präsenz der Festspielgebäudekomplexe, die sich vor den flanierenden Besuchern auftürmen. Auch wenn an sich nicht aufdringlich oder gar glamourös gestaltet, wirken die mit dem Mönchsbergfelsen verschmolzenen Gebäude wie eine schon ewig währende Naturgewalt. Das Große Festspielhaus mit seiner gewaltig überdimensionierten Bühne, das Haus für Mozart mit seiner grandiosen Akustik und die besonders archaisch-charmante Felsenreitschule, alles ist hinter einer durchgehenden Gebäudewand vereint. Gegenüber spielt die Kinderoper wiederum in einem sehr geschichtsträchtigen Ort: Die Aula der Universität hat damals schon Auftritte des jungen Mozart gesehen.

Nur wer hinter die Kulissen in der Hofstallgasse schaut, durch versteckte Türen schleicht und enge Gänge hinter den Bühnen durchstreift, merkt, wie diese verschiedenen Spielstätten ganz unterschiedlich anmuten, in Bühnentechnik, Raumatmosphäre und Zuschauerführung, liegen doch zwischen ihren Entstehungen auch Jahrzehnte.

Für uns heute ist es schwer vorstellbar, wie die Festspiele ohne diesen Wulst aus Werkstätten, Proberäumen, Lager und Auditorien an einem Fleck überhaupt effizient stattfinden konnten. Doch ihre heutige Heimat fanden die Festspiele in der Stadt tatsächlich erst in der hier beschriebenen Epoche und im folgenden Kapitel mit Herbert von Karajans Einsatz für das Große Festspielhaus. Ein Blick auf die Entwicklungsgeschichte dieser Orte bringt Klarheit ins Namenschaos der Spielstätten und deren Bezeichnung.

**Anfangsimprovisationen**
Nach den Plänen der Salzburger Festspielhausgemeinde hätte es ja nun schon in den Anfangsjahren um 1917 zum Bau eines Hauses kommen sollen. Konkret machten sich die Verantwortlichen dann angesichts der erfolgreichen Aufführung des *Jedermann* im Jahr 1920 wieder Hoffnung:

*»Es wird wohl die Ziele der Salzburger Festspielhausgemeinde ganz gewaltig fördern und vielleicht mit dazu beitragen, dass mit dem Bau der beiden Festspielhäuser und des ganzen Tempelbezirks im Hellbrunner Schloßpark bald begonnen werden kann.«*

Doch es bleibt 1922 bei einer Grundsteinlegung in Hellbrunn, die Finanzierung des Hauses scheitert. Grund ist unter anderem die stetige Inflation. Stattdessen spielt man im Stadttheater oder in anderen bereits bestehenden Sälen der Stadt – wie der Aula Academica.

Im Jahr 1925 wird schließlich die ehemalige Winterreitschule neben der Felsenreitschule in der Hofstallgasse auf Anregung von Max Reinhardt vom Architekten Eduard Hütter zum ersten Festspielhaus ausgestaltet, Clemens Holzmeister baut diese ein Jahr später weiter aus, sodass 1200 Zuschauer Platz finden.

1936/37 wird das Haus, dann auf erpresserische Anregung von Toscanini, erneut umgebaut, der Zuschauerraum um 180 Grad gedreht. Der Abschluss dieser Arbeiten fällt in die Zeit der nationalsozialistischen Befehlsgewalt in Salzburg, Holzmeister wird entlassen, die Faistauer-Fresken entfernt, der Innenraum wird mit Gips verkleidet und eine Führerloge installiert. Während dieser Zeit diente die Felsenreitschule, notdürftig überdacht, als zweite Spielstätte.

**Das Große Festspielhaus**
Nach einer Idee von Clemens Holzmeister drei Jahre zuvor, beginnt man dann 1956 mit dem Bau eines neuen Festspielhauses. Dessen Bühne wird direkt in den Mönchsberg gesprengt, sodass der Komplex der bisherigen Spielstätten einfach erweitert werden kann. Dieses neue Haus soll den großen Aufführungen gerecht werden und ist dementsprechend dimensioniert.

Nachdem das Mammutprojekt von allen Instanzen bewilligt worden war, trägt man 1957 zuerst die Felswand ab und baut den Werkstättentrakt.

Im Jahr darauf stellt man den Zuschauerraum her, und ab Mai 1960, man bleibt – anders als heute oft – im Zeitplan, ist die Innenausstattung fertig, und erste Proben können stattfinden. Der Bau kostet insgesamt 210 Millionen Schilling.

Auf Wunsch von Herbert von Karajan, dem neu berufenen künstlerischen Leiter der Festspiele, soll das Parkett eine besonders starke Neigung haben. Der zweite Rang muss so entfallen, auch die technische Ausstattung der Bühne wird nach seinen Vorstellungen erweitert. Von den Sprengungen am Mönchsberg, wobei über 55000 Kubikmeter Fels mit bis zu 100 Kilogramm Ladungen Sprengstoff entfernt wurden, über die Grundsohle der Unterbühne, die sechs Meter unter der Straßenhöhe liegt und für die der Grundwasserspiegel gesenkt werden musste, bis zum Eisernen Vorhang, der 38000 Kilogramm wiegt, ist es ein Projekt der Superlative.

Am 26. Juli beginnen die Festspiele des Jahres 1960, und das neue Haus wird mit der Oper *Der Rosenkavalier* von Richard Strauss unter der musikalischen Leitung von Herbert von Karajan eröffnet. Der Salzburger Festspielbezirk ist komplett.

**Vom Kleinen Festspielhaus zum Haus für Mozart**

Im gleichen Zug, in dem die Pläne für das neue Festspielhaus genehmigt werden, denkt man an eine Wiederherstellung der intimeren Maße des ursprünglichen Festspielhauses in der alten Winterreitschule, um dieses für kleinere Produktionen nutzbar zu machen. Die Umsetzung dieser Idee zieht sich bis in unser Jahrtausend. 1963 umgebaut, wird das nun als »Kleines Festspielhaus« bezeichnete Auditorium nicht wirklich den Ansprüchen an einen intimen Saal für kleinere Opern gerecht. Clemens Holzmeisters Pläne für einen Umbau in den 1970er-Jahren finden wenig Anklang. Erst einer seiner Schüler, Wilhelm Holzbauer, sowie François Valentiny geben dem Saal seine heutige Gestalt, in der er seit 2006 unter dem Titel »Haus für Mozart« den Festspielbezirk bereichert.

*Ein Blick in die Hofstallgasse, 2006. Hier finden sich rechts das Große Festspielhaus und das Haus für Mozart.*

Als letzte Umgestaltung wird im Jahr 2010/11 das Dach der Felsenreitschule aus dem Jahr 1970 erneuert und durch eine moderne Konstruktion ersetzt. Davor war bereits im Auditorium eine neue Publikumstribüne eingebaut worden sowie eine Unterbühnenkonstruktion. Wohl nicht der letzte Umbau im Festspielbezirk, einer imposanten Kulisse im ständigen Wandel.

# DRITTER AKT

## 1. Alles in einer Hand – die Ära Karajan

**2017**

Schon nach dem Einbiegen in die Hofstallgasse erdrücken den Flanierenden Menschenmassen auf beiden Seiten der Häuserschlucht. Da tummelt sich auf der einen Seite vor dem Festspielhaus das herausgeputzte Publikum, und gegenüber vor der Bibliothek sammeln sich Touristen und Passanten, um einen Blick auf Prominente, die misslungenste Botox-Behandlung oder die stimmigste Abendgarderobe zu erhaschen. Ungefähr fünfzig Pappschildhalter schieben sich durch die Menge, blicken flehend und schon recht verzweifelt in die Gesichter der Glücklichen. Niemand, so wird es immer klarer, wird so kurz vor dem Ziel seine teure, schwer ergatterte Karte verkaufen. Denn heute wird hier in Salzburg ein wenig Operngeschichte geschrieben. So hofft man es zumindest in den Prada- und Versace-Outfits und fingert die dicken weißen Programmbücher aus den Handtäschchen. Giuseppe Verdis *Aida*, also recht populäre, gefällige Kost, steht auf dem Programm. Doch das ist nicht der Anlass der Aufregung. Vielmehr geht es um die Beteiligten, um die Künstler. Heute kommt es hier zum Aufeinandertreffen von Weltstar und Legende. Die Echo-Klassik-Vertrauten und Häppchenarien-Genießer erwarten das arg antizipierte Rollendebüt der Anna Netrebko als Aida, und die älteren Phonofanatiker fiebern dem raren Auftritt von Dirigentenlegende und Festspielveteran Riccardo Muti entgegen.

Und so fotografiert man sich gegenseitig im Großen Festspielhaus im Zuschauerraum vor der überdimensionalen Bühne, um ein handfestes Zeugnis dieses hoffentlich in die Annalen der Operngeschichte eingehenden Abends zu besitzen. Und als sich der Vorhang zu den hoch konzentrierten Streichern der Wiener Philharmoniker hebt und sich jeder Ton merklich in die Gehörgänge und Herzen brennen will, gehen im Saal spürbar viele Träume in Erfüllung. Das bezeugen vor allem herzhafte Ausatmer.

Auf dem Höhepunkt ihrer Karriere überstrahlt Stardiva Netrebko alle Sänger mit Leichtigkeit, und die Karte lohnt sich tatsächlich, nur, um sie in dieser Rolle zu hören. Der Starrummel hatte seine Berechtigung, die populäre Besetzung geht auch künstlerisch auf.

Das Publikum ist trotz fehlender Ägypter und Triumphmarschelefanten verzückt, denn die Regie stellt die Sänger in den geschmackvollsten und edlen Swarovski-besetzten Kostümen an die Rampe oder lässt sie stets sangesfreudig auf der nordisch durchdesignten Bühne stehen.

Denn, und das wird schnell deutlich: Der heutige Abend dreht sich weder um kostbare Repertoireerweiterung noch um szenisch bedeutsame Deutungen von Altbekanntem. Hier passiert ein musikalisches Genusserlebnis, weil man nur hier in Salzburg diese Stars auf diese einmalige Art zusammenbringen kann. Und vielleicht strahlt, ob dieser Einmaligkeit, ja auch wieder etwas Glanz der Klassik in die Welt dort draußen und macht so die Musik relevant.

Ob aus diesen oder rein finanziellen Gründen, in Salzburg huldigte man seit jeher der gehobenen Lebensart und exquisiten Kunst. Doch für die Ära der wahren Luxusaufführungen, den Gigantismus der Bühne im Großen Festspielhaus und fettschmelzenden Sound steht eine von Salzburgs prägenden Figuren, dem die heutige *Aida*-Aufführung sicher gut ins Konzept gepasst hätte: Herbert von Karajan.

**1957**

**Maestro**
»Salzburg als geheimes und gleichzeitig unübersehbares Zentrum von Karajans irdischer Existenz«, so beschreibt der Kritiker Joachim Kaiser das Verhältnis zwischen der Stadt und dem Ausnahmedirigenten. Geheim vielleicht, weil Karajan meist zwischen Berlin und Wien als den Musikzentren der Zeit hin- und herpendelte. Unübersehbar zeigt aber ein schneller Blick auf die Fakten die wahre Verbandelung:

In Salzburg geboren, beginnt die Geschichte des kleinen Herbert bei den Festspielen mit dem ersten

Auftritt dort im Jahre 1933. Ab da ist er ständiger Gast, und seine Festspieldirigate sind stetig, bis er 1956 einen Vertrag als künstlerischer Leiter erhält. 1964 wird er ins Direktorium berufen und gründet in der folgenden Zeit seine eigenen Osterfestspiele. Auch Pfingstkonzerte kommen hinzu. Karajan dehnt Salzburg aus, macht es allgegenwärtig und ist der ideale Partner im Medienzeitalter. Erst 1988, ein Jahr vor seinem Tod, endet die ständige Aura des Maestros in Salzburg.

Mit Fug und Recht kann man in Herbert von Karajan wohl die künstlerische Person sehen, die am innigsten mit den Festspielen verbunden ist und die diese über den längsten Zeitraum mitgeprägt hat. Anders als Max Reinhardts volkserreichende Regie oder von Einems Streben nach Zeitgenössischem kann Karajans Einfluss auf die Festspielgeschichte nicht in einem Punkt festgehalten werden. Karajan und die ursprünglichen Ideen von Reinhardt und Hofmannsthal lassen sich durchaus in einigen Punkten verbinden. Der Kritiker Joachim Kaiser beschreibt es folgendermaßen:

»*Doch der einzig wirklich strikt durchgehaltene Programmpunkt Karajans war: Was wir bieten muss Weltklasse-Qualität haben.*«

Zumindest in seinem Streben nach Großereignis und Aufmerksamkeit haben Karajan und Reinhardt etwas gemeinsam.

**Der Weg zur Macht**
Doch wie genau lief dieser Aufstieg ab?

Karajan war, wie gesagt, gebürtiger Salzburger, seine erste künstlerische Begegnung mit den Festspielen verlief ziemlich unspektakulär. Er dirigierte die Bühnenmusik zu Reinhardts Inszenierung von *Faust* in der Felsenreitschule. Der Dirigent, der bereits in Berlin für gewisses Aufsehen und Kritiküberwältigung gesorgt hatte, kam im Jahr darauf zum ersten Einsatz mit den Wiener Philharmonikern. Und zwar mit »Feuereifer und sichtlicher Freude ob der Ehre«, wie die *Salzburger Chronik* im Jahre 1934 schrieb.

Nach dem schon erwähnten *Orfeo* von Gluck ebenfalls in der Felsenreitschule, der Karajans Rückkehr nach Salzburg nach dem einjährigen Auftrittsverbot markierte, sowie einem stetig gespannten Verhältnis zu von Einem in der folgenden Zeit beginnt Karajans Ära 1957. Er ist nun künstlerischer Leiter.

»Die Salzburger Festspiele waren heuer viel besser als voriges Jahr«, ist es nach diesem ersten Jahr trocken im *Forum* zu lesen, und der Autor freut sich über die neue glückliche Zeit, die sich nun ankündigt.

Es beginnt die Periode der großen einheitlichen Bühnenpräsentationen. Denn Karajan will nicht nur dirigieren, sondern auch inszenieren, so jeden Aspekt kontrollieren und ein Gesamtkunstwerk schaffen.

Die Probleme und die Kritik, die damit einhergehen, formuliert der Schriftsteller Friedrich Torberg, der Autor der obigen Lobzeilen, im gleichen Jahr, ebenfalls sehr lakonisch: »Ein Regisseur von der Qualität Karajans ist für einen Dirigenten von der Qualität Karajans nicht gut genug …«

Doch Karajan steckt unbeirrt weiter Herzblut in seine favorisierten Produktionen, während andere Projekte oft wenig Unterstützung von ihm erfahren.
Symptomatisch für Karajans Opernpolitik ist die europäische Erstaufführung von Samuel Barbers Oper *Vanessa* im Jahr 1958. Eigentlich hätte das recht bürgerliche, tonale Werk dem Salzburger Publikum in ihren konservativen Ansichten genügen dürfen. Die Kalkulation schlägt fehl.
Karajan distanziert sich mit seinem Fortbleiben von Aufführung, Werk und Komponisten und somit auf gewisse Weise auch von Neuer Musik bei den Festspielen. Eine Haltung, die sich über die Jahre immer wieder wiederholen soll und Kritik finden wird.

Die Produktionen unter Karajans Leitung hingegen werden größer und mächtiger. Dazu kommt nun auch eine neue Örtlichkeit. 1960 wird das von Clemens Holzmeister geplante neue Festspielhaus eröffnet. Projektionsapparat, Sichtverhältnisse, Licht: Auf vieles soll Karajan persönlich Einfluss genommen haben. Die riesige 100 Meter breite Bühne samt Seitenbühnen erlaubt große Oper in einer Tiefe von 30 Metern, also im wahrsten Sinne des Wortes. Als

Eröffnungswerk bietet Karajan dem ausgewählten Premierenpublikum, dessen Aufmarsch und Anfahrt eine Stunde Verkehrschaos vor dem Haus verursachen, die Oper *Der Rosenkavalier* von Richard Strauss.

*Landeshauptmann Franz Rehrl und Clemens Holzmeister, 1926.*

Die Kritiken schwärmen einhellig von der glasklaren Akustik, Karajans Dirigat, warnen aber auch alle zukünftigen Musiker dort vor kleinsten Schlampigkeiten. Gespaltener betrachtet man die überdimensionale Bühne, die für jeden Bühnenbildner ebenso schwer zu bebauen, wie für den Regisseur ausfüllend zu bespielen sein wird.

*1965 inszeniert und dirigiert Herbert von Karajan Mussorgskys* Boris Godunow, *das eindrucksvolle Bühnenbild stammt von Günther Schneider-Siemssen.*

Mit großem Aufwand gelingen hier in den nächsten Jahren beeindruckende Produktionen.

Ein gutes Beispiel ist der monumentale *Boris Godunow* 1965: »Das musikalische Bild entsprach dem szenischen durchaus – auch hier war alles luxuriös, reich, auf kosmetisch perfekte Schönheit poliert …«, schreibt die *NZZ*.

Weiterhin debütieren in diesem Jahr große Namen wie Claudio Abbado und Daniel Barenboim bei den Festspielen.

Ein Jahr zuvor, nämlich im August 1964 nahm Herbert von Karajan schließlich seinen Sitz im Direktorium ein und ist damit praktisch auch weiterhin künstlerischer Leiter für die nächsten Jahre. Eine herausragende Position. Vorangegangen waren Jahre des Taktierens, der Vertragsverhandlungen und Machtkämpfe. Jetzt beginnt er gleich, die Festspiele über mehrere Jahre hinweg zu planen.

**Ausdehnung des Musikimperiums**
Das Wachsen der Produktionen, Kartenverkäufe und Zeiträume der Festspiele gipfelt schließlich in der Gründung der Osterfestspiele im Jahr 1967. Die Idee dazu kam Karajan angeblich bei einem Spaziergang durch das verregnete Salzburg, andere berichten von einer Inspiration während einer *Boris Godunow*-Aufführung. War es der Wunsch, sich selbst mit einem Festival ein Vermächtnis zu schaffen?

Fest steht: Diese paar Tage um Ostern sollten ganz auf ihn, den großen Dirigenten, zugeschnitten sein. Nach Verhandlungen mit Berlin, unter anderem mit dem damaligen Oberbürgermeister Willy Brandt, steigen die Berliner Philharmoniker bei den ersten Osterfestspielen in Salzburg zum ersten Mal in den Orchestergraben. Mit einer klugen Verquickung von Aufnahmeverträgen finanziert Karajan die Produktionen selbst als Unternehmer.

Viel Druck lastet vor den ersten Osterfestspielen auf dem Dirigenten. Eine Krankheit Karajans wäre einem Totalausfall der Festspiele gleichgekommen, und so schreibt er in so typischer Manier: »Ich habe mich manchmal dabei ertappt, wie ich im Ferrari im zweiten Gang gefahren bin, 60 kmh, das war die reine Angst.«

*Herbert von Karajan am Flughafen Salzburg, 1972.*

Die ersten Osterfestspiele gelingen mit der Aufführung der *Walküre* von Richard Wagner solide, werden noch kein finanzieller Erfolg, aber etablieren sich schnell im städtischen Salzburger Kulturleben. Dabei scheint eine feste künstlerische Linie wenig erkennbar. Jedes Jahr gibt es eine Neuproduktion mit den Berliner Philharmonikern, große Klassiker wie *Der Ring* und Verdi-Opern bestimmen den Spielplan. Vielmehr reicht das Karajan'sche Konzept aus bekannten Werken in seiner Regie mit großen Interpreten, um das internationale Publikum und schließlich auch die städtischen Kulturgelder fließen zu lassen.

**Schattenseiten**
Gut fünfzehn Jahre später: Am 25. August 1988 schreibt Herbert von Karajan an den Festspielpräsidenten Albert Moser:

*»Lieber Herr Moser,*
*hiermit darf ich Ihnen mitteilen, dass ich ab 1. September 1988 meine Tätigkeit als Direktoriumsmitglied der Salzburger Festspiele beende.*
*Mit verbindlichen Grüßen*
*Herbert von Karajan.«*

Dieser seltsam schlichte Abschied von einer internationalen Wirkungsstätte, die Karajan immerhin über Jahrzehnte hinweg prägte, ist eine große Erschütterung, ja eine Zeitenwende. Karajan hat bis dato 337 Mal bei den Festspielen dirigiert, und 14 Neuinszenierungen gehen auf sein Konto. Doch wie konnte es dann zu diesem wenig emotional wirkenden Abschied kommen? Karajan selbst gibt später das Festspieljahr 1988 an, welches angeblich kein Weltklasseniveau mehr halten konnte. So spricht er in einem Interview von einem »Prestigeverlust«. Ein Blick in den Jahresspielplan zeigt, dass Karajans Unmut wohl durch einen Auftritt von Nikolaus Harnoncourt mit Friedrich Gulda außerhalb der Festspiele auf dem Residenzplatz sowie eine schlecht rezensierte Aufführung der Oper *Der Prozess* seines Widersachers Gottfried von Einem erregt wurde. Doch ein »schwaches« Jahr gibt höchstens einen entscheidenden Anlass, nicht aber den Grund für eine solch abrupte Entzweiung. Dass Karajan und die Festspiele in seinen letzten amtierenden Jahren nicht mehr reibungslos liefen, zeigt sich an mehreren Stellen.

Diktatorische Maßnahmen bescheinigten Karajan bei den Festspielen 1960 zum ersten Mal die Fotografen, da er nur zwei von ihnen zulassen wollte und die Bilder der Festspielleitung vorgelegt werden sollten. Karajans kompromisslose Führungshaltung ist kein Geheimnis und sicher immer Teil der Aura und Faszination um diesen Menschen gewesen. Doch auch in Salzburg gab es damit Probleme. Aufgrund persönlicher Verstimmungen sagten die Sänger René Kollo und Karl Ridderbusch ihre Mitwirkung bei den Osterfestspielen ab.

Der sich anbahnende Konflikt zwischen Karajan und den Berliner Philharmonikern war sicherlich der schwerwiegendste der letzten Jahre des Dirigenten. Und die Salzburger Festspiele waren nun mal die Bühne, auf der sich diese Konflikte abspielten, oder aber wichtiger Gegenstand, wenn Karajan und sein Orchester sich gegenseitig erpressten.

Als Sabine Meyer im Jahr 1982/1983 den vakanten Platz der Soloklarinette auf Wunsch Karajans ausfüllen sollte, stimmte das Orchester dagegen, Karajan drohte den Musikern daraufhin, unter anderem mit einer »Sistierung« der Auftritte in Salzburg. Und tatsächlich lädt er dann im Jahr 1984 die Berliner aus und ersetzt sie durch die Wiener Philharmoniker, was den Konflikt natürlich nur verstärkt.

Es ist also weniger ein unbequemes Salzburger Jahr, sondern vielmehr eine Vielzahl von Belastungen, ein Zeitenwandel, der Karajans autokratischem Führungsstil entgegensteht, sowie auch gesundheitliche Probleme des alternden Stardirigenten, die wohl zu seinem schlichten, aber doch innerlich sicher gut durchdachten Rücktrittsschreiben führten.

Und doch ist auch die spätere Karajan-Ära zehn Jahre vor 1983 noch von großen Erfolgen und erwähnenswerten Meilensteinen der Salzburger Festspielgeschichte gekennzeichnet, besonders wenn der Meister selbst die musikalischen Fäden in der Hand hält. Dass er die ihm 1983 angebotene Präsidentschaft der Festspiele ablehnt, zeigt: Karajan war in diesem Jahr schon in einer viel mächtigeren Position, und zwar in der Rolle des allgegenwärtigen Künstlers und Entscheiders, als dass er den zeitaufwendigen Job des Präsidenten annehmen wollte.

1975 inszeniert er im Großen Festspielhaus einen *Don Carlo*, der zum musikalischen Großereignis wird. Nicht nur weil hier der Tenor Plácido Domingo sein Salzburg-Debüt feiert und frenetisch umjubelt wird. Manch ein Kritiker schwärmt von einem »Fest im siebten Sängerhimmel«, und in *Die Presse* schreibt man etwas hochtrabend, dass allein diese Aufführung in bestmöglicher Besetzung den Sinn von Festspielen erfülle. Symptomatisch für die Karajan'sche Festspielpolitik ist, dass diese

Verdi-Oper die einzige Neuinszenierung in diesem Jahr bleibt und auch im nächsten Jahr gleich wieder aufgenommen wird. 1977 dirigiert Karajan *Salome* von Richard Strauss, die so zum ersten Mal bei den Festspielen zur Aufführung kommt, mit großem Erfolg. Seine Inszenierung ist aber mal wieder Kritikpunkt vieler Rezensenten. Im gleichen Jahr betritt ein besonderer Karajan-Protegé das Salzburger Parkett. Die 14-jährige Anne Sofie Mutter debütiert mit Mozarts D-Dur Violinkonzert.

**Die Grenzen des Wachstums**
An Kritikern mangelte es Herbert von Karajan und dessen Salzburg-Konzept derweil nie:

*»Den unbeirrbaren Freund der Salzburger Festspiele trifft es schmerzlich, wenn er erkennen muss, wie hier die jahrzehntelange Präsenz überragender leitender Künstler bis heute doch über die eigenen Produktionen hinweg nicht soviel glückhafte Wirkung auszustrahlen vermochte, dass einer langsamen Verdorrung in ihrem Umkreis gesteuert worden wäre. Als Folge stellt man fest: Eine große österreichische Sache, die sich auf fatale Weise blendend verkauft, hat aufgehört, ihrem wahren Anspruch zu dienen. Diese Festspiele sind mit ihren Berühmtheiten gealtert: ihre Fantasie wirkt material-müde, als wäre sie erschöpft, der dramaturgische Appell ist gleich null; die Wahl der Dirigenten und Regisseure zeigt sich exklusiv verkarstet, der Betrieb abgestumpft gegen Mahnung, Herausforderung und Kritik; Luxus beherrscht die Ausstattung und dezimiert*

*das wesentliche Instrumentarium selbst in entscheidenden Fällen.«*

Diese Sätze sind zu lesen in einem langen Artikel, der am 26. Mai 1979 in den *Salzburger Nachrichten* erscheint und von einigen Persönlichkeiten aus Kunst und Wissenschaft unterschrieben wird, sich für eine neue künstlerische Leitung ausspricht und dabei klare Spitzen gegen Herbert von Karajan austeilt. Auch wenn sich die Festspielleitung und später auch ein Unterzeichner vom Schreiben distanzieren, diese Kritik an der künstlerischen Ausrichtung kommt wohl kaum aus dem Nichts.

Und so ist es ausgerechnet dieses Jahr 1979, in dem Karajan, zumindest in den Augen einiger Beobachter, seinen Zenit in Salzburg überschreitet, und dies auch öffentlich bekundet wird.

Auch die Neuproduktion dieses Jahres, die die typischen Kriterien einer Karajan-Produktion bei den Festspielen erfüllt, wird musikalisch bejubelt und auf der anderen Seite auch wieder für eine angebliche Entfremdung von der Festspielidee kritisiert. Mit Mirelli Freni, José Carreras und Marilyn Horne versammelten sich wahre Sängerstars auf der imposanten Bühne im Großen Festspielhaus. In der *NZZ* schreibt man mit Blick auf das Exklusivpublikum, das bei dieser Premiere neue Extreme erreicht haben soll, vom »Juwelenluxus der weit dekolletierten Damen«.

Bei dem Stück des Abends handelt es sich übrigens um Giuseppe Verdis *Aida*, mit der sich der Kreis dieses Kapitels schließt.

## 2. Personen

Besonders in einer Epoche der Festspiele, in der eine dominante Person so allgegenwärtig die Geschicke der Festspiele bestimmte, erscheint es wichtig, auch die unauffälligeren Festspielprotagonisten im Blick zu behalten. Der Dirigent **Karl Böhm** ist Karajan sicher ebenbürtig in seinen musikalischen Leistungen bei den Festspielen. Und während Karajan die Großproduktionen im Festspielhaus übernimmt, stand Böhm oft erfolgreich mit Mozarts Werken im Kleinen Festspielhaus am Pult. Als er am 14. August 1981 stirbt, verbinden ihn 43 Jahre mit den Festspielen. Schon 1979 hatte man ihm zu Ehren den Stadtsaal in Karl-Böhm-Saal umbenannt.

Schon früher, nämlich 1963 hatte **Lorin Maazel** seinen ersten Auftritt in Salzburg, 1971 **Riccardo Muti**, der danach alljährlich wiederkehrt.

Im Debütjahr Mutis stirbt **Bernhard Paumgartner**, der als Mozarteumsdirektor eine wichtige Person gerade in der Gründungsphase der Festspiele gewesen war, bevor er aus Angst vor Verfolgung nach Florenz geflohen war.

In den letzten Jahren vor seinem Tod war er auch Präsident der Festspiele geworden. Seine Mozartserenaden und Konzerte waren immer ein wichtiger Part der Festspiele gewesen. Er hat sich zeitlebens für Mozart bei den Festspielen und speziell auch dessen Jugendwerk eingesetzt, was sich in der Gründung der Mozartmatineen, die seit 1949 bis heute ein Bestandteil der Festspiele sind, zeigt.

**Josef Kaut**, ein Politiker, wurde sein Nachfolger als Festspielpräsident, bevor auf Wunsch Karajans dann Kulturmanager **Albert Moser** im Jahr 1983 dessen Posten übernahm.

## 3. Die besondere Geschichte

**Verstrickungen mit den Nationalsozialisten – Dirigenten und die Macht**
Vier der größten Dirigenten ihrer Zeit, die die Salzburger Festspiele jahrelang prägten, sind aufgrund ihrer Verstrickungen mit dem nationalsozialistischen Regime immer wieder in die Kritik geraten.

Aus der Reihe Clemens Krauss, Wilhelm Furtwängler, Karl Böhm und Herbert von Karajan ist nur der Erste wirklich hart im Rahmen eines Entnazifizierungsverfahrens bestraft worden.

Das zeigt die Willkür und die politischen Verstrickungen und künstlerischen Vorlieben, die in Österreich solche Verfahren besonders problematisch werden ließen.

Krauss wurde, als von Hitler eingesetzter Verwalter der Festspiele in den 1940er-Jahren, nicht ganz zu Unrecht zum größten Sündenbock und nach dem Krieg mit einem Berufsverbot belegt. Testamentarisch von Richard Strauss als einziger Dirigent seiner *Liebe der Danae* verfügt, kehrte er doch noch ein paarmal zu den Festspielen zurück. Krauss starb schließlich 1954 auf einer Tournee in Mexiko. In Salzburg hatte er künstlerisch nicht mehr wirklich Fuß fassen können.

Anders erging es Wilhelm Furtwängler. Seine Rolle als der Vorzeige-Dirigent des NS-Regimes belastete ihn zwar und brachte ihm ein vorübergehendes Dirigierverbot ein, doch aufgrund der Fürsprachen vieler jüdischer Künstler wurde er 1947 freigesprochen und dirigierte im selben Jahr schon wieder bei den Festspielen.

Karl Böhm war zwar kein Mitglied der NSDAP, kämpfte aber entschieden für den Anschluss Österreichs an Hitler-Deutschland und begrüßte sein Konzertpublikum in Wien mit Hitlergruß. Auch er wurde nach dem Krieg von den Alliierten mit einem zweijährigen Berufsverbot belegt. Im heutigen Karl-Böhm-Saal weist ihn seit 2015 eine Tafel als »politisch fatal Irrenden« aus.

Herbert von Karajan, NSDAP-Mitglied seit 1935, darf dagegen direkt nach Kriegsende wieder dirigieren. Dafür sorgt die Ausnahmegenehmigung eines amerikanischen Offiziers. Schnell wird er daraufhin von den sowjetischen Besatzern in Wien gesperrt, doch das Verbot wird bereits 1947 wieder aufgehoben.

# VIERTER AKT

## 1. Ein neuer Geist –
## Gerard Mortier im Vakuum

**2017**

Dieser Abend weckt viele Erwartungen ganz unterschiedlicher Art. Wird es aufregend, rockig, modern? Gibt es heute tatsächlich einen Skandal bei den Festspielen? Ex- und aktuelle Präsidenten drängen sich neben weniger bedeutenden Prominenten. Der Dirigent Teodor Currentzis, Enfant terrible der Klassikszene, Selbstdarsteller, verehrter Erneuer oder verhasster Schänder klassischer Werke, wird zum ersten Mal eine Oper bei den Salzburger Festspielen leiten. Er gab in diesem Jahr hier sein Debüt, im Mozart-Requiem ließ er die Sänger in Kutten auftreten, jetzt erwartet das Publikum bei Mozarts *La clemenza di Tito* Aufbruch, Erneuerung, eben ein bisschen auch einen Skandal. Currentzis musicAeterna spielt, sein Chor aus Perm singt. Regisseur Peter Sellars wird das Stück neu inszenieren.

Currentzis inszeniert sich vor allem erst mal selbst. In der Felsenreitschule geht das Licht aus, mit einer Taschenlampe wandert der Dirigent zum Pult, bloß kein Auftrittsapplaus: für den großen hageren Mann in schwarzem Hemd und enger Hose, der seine Musiker in Russland in extremen Probensituationen und Aufnahmesessions trimmt und tatsächlich noch einer der letzten »Diktatoren« der jüngeren Dirigentengeneration ist. Der aber gleichzeitig deswegen in allen Medien von sich reden macht. Eigentlich war es also nur eine Frage der Zeit, bis Teodor Currentzis hier in Salzburg landet.

*Mozarts* La clemenza di Tito *in der Inszenierung von Peter Sellars, 2017.*

Doch wenn die ersten Noten der Ouvertüre erklingen, ist aller Personenkult für den Moment vergessen, so genau schauen hier alle Musiker auf die Musik, lieben die leisen Phrasen. Es ist kein Skandal, kein aufgebrochener, ruppiger Mozart. Stattdessen wird nahbar und für den Moment musiziert und gesungen, vielleicht nicht immer ganz richtig, aber doch unmittelbar berührend. An einer Stelle stiefelt der Chor dem Publikum entgegen oder spielt der Klarinettist auf der Bühne ein erotisches Duett mit einer Sängerin. Das Publikum hängt den Ausführenden größtenteils an den Lippen, wird bewegt und verändert.

Es ist der Geist des Direkten, Mutigen, Ungeschönten, der die Felsenreitschule durchweht und der erst möglich gemacht wurde durch einen querköpfigen Theatermann, der die Festspiele in den 1990er-Jahren entscheidend prägte: Gerard Mortier.

## **1990**

### Der Neue

Nachdem Herbert von Karajan im Juli 1989 in Anif bei Salzburg starb, folgen im selben Jahr bei den Festspielen einige monumentale Gedenkveranstaltungen. Einigkeit herrscht in der Presse über das »Vakuum«, das der Maestro nun in Salzburg hinterlassen hatte.

Und wer soll danach kommen?

*»Jedes Mal, wenn die Oper sich im Gesangsvirtuosentum verliert, im simplen Gefallen an der Könnerschaft, im Pathos oder im Prunk des Spektakels, schmerzt mich das wie ein Verrat an der ursprünglichen Idee.«*

Behält man die *Aida*-Inszenierungen aus dem letzten Kapitel im Hinterkopf, mag man überrascht sein über das Statement des neuen künstlerischen

Leiters der Salzburger Festspiele Gerard Mortier. Es steht dem Karajan- und Netrebko-Kult diametral entgegen.

Kein Wunder also, dass die Amtsperiode des Belgiers einen Bruch zu der vorherigen Zeit der Festspiele darstellt und sie, nach Ansicht vieler Beobachter, in die Moderne führt. Das bringt auch Probleme mit sich.

Mortier wurde zu dieser Zeit um 1990 schon wie eine Verheißungsfigur, ein Heilsbringer wahrgenommen. Bereits in Brüssel hatte sein modernes Theater für Aufregung gesorgt. In Österreich dagegen war er bis dahin nicht als großer Name in Erscheinung getreten, die Wiener Staatsoper hatte sich noch etwas gegen die immer mehr aufkommende Bühnenmoderne gesträubt. Mortier brachte die Kultur wieder in die Diskussion, indem er gegen den beunruhigenden Stillstand an Theatern ankämpfte, wie er ihn selbst in seiner berühmten *Dramaturgie einer Leidenschaft* beschreibt. In ebendiesem Werk schreibt er in Bezug auf eine Initiative für niedrige Eintrittspreise:

»Diese Initiative ist allerdings nicht weitergeführt worden, weil sich Salzburger Kommerztreibende gegen den Zustrom eines neuen, weniger wohlhabenden Publikums wandten, das nach der Vorstellung heimfährt, ohne in der Stadt einzukaufen.«

Dieses Spannungsverhältnis aus Aufbruch und Erneuerung und den kommerziellen Interessen und Traditionen auf der anderen Seite sollte die Zeit

Gerard Mortiers in der Stadt an der Salzach maßgeblich bestimmen.

Umso erstaunlicher, dass es so ein Umstürzler überhaupt in diese so bedeutende Position nach Karajans Ende und dem darauffolgenden Vakuum geschafft hat.

**Der Preis der Erneuerung**
Bereits 1988 war von der österreichischen Unterrichtsministerin und dem Salzburger Landeshauptmann ein Auftrag für ein Konzept zur Umstrukturierung der Salzburger Festspiele ausgelobt worden. Der Kulturmanager Hans Landesmann, tätig bei den Wiener Festwochen, besucht die Festspiele und analysiert sie, zum Unmut Karajans, der das letztendlich entstandene Dokument als »Seifenblasen eines Dilettanten« abtut.

Besonders die Ehrenamtlichkeit und daraus ergebende Unverantwortlichkeit sowie die Ohnmacht des Direktoriums waren empfindliche Punkte, die Landesmann in seinem Konzept herausarbeitet.

Nach dem Tode des großen Herbert von Karajan gehört Landesmann daraufhin der Findungskommission an, die einen neuen künstlerischen Leiter berufen soll.

Nach Absagen anderer Auserwählter setzt sich schließlich der von Hans Landesmann vorgeschlagene Gerard Mortier durch.

Er wird 1991 offiziell als neuer Intendant der Salzburger Festspiele berufen. Infolge der Umstrukturierungen ist Hans Landesmann nun kaufmännischer Direktor und zeichnet verantwortlich für die Konzertplanung. Präsident wird Heinrich Wiesmüller, der langjährige Festspielerfahrung und die gewisse Salzburger Komponente mitbringt. Er arbeitet schon fast zwanzig Jahre bei den Festspielen im Direktorium.

Nach einer kurzen Übergangszeit startet Mortier voll durch. Wir schreiben das Jahr 1992. Gleich acht Opern werden in einer Spielzeit inszeniert, vier davon neu. Eine noch nie da gewesene Masse, die gleich mit einigen kleineren Skandalen einhergeht.

Karl-Ernst Herrmann und seine Frau Ursel bringen ihre vor zehn Jahren in Brüssel entstandene Interpretation von *La clemenza di Tito* nach Salzburg, und der Dirigent Riccardo Muti verlässt die Produktion daraufhin elf Tage vor der Premiere wegen künstlerischer Differenzen: Obwohl nicht allzu provozierend in Szene gesetzt, kann die Produktion viele österreichische Kritiker nicht überzeugen und bekommt im Kleinen Festspielhaus auch einige Buhrufe. Mortiers Einstand mit dem *Tito* kann also vom Erfolg her nicht mit dem von Markus Hinterhäuser arrangierten Duo Currentzis und Sellars mithalten.

Als Höhepunkt dieser ersten Saison der Zukunft kann aber sicherlich die szenische Aufführung von Olivier Messiaens *Saint François d'Assise* in der Felsenreitschule gesehen werden. Das Los Angeles Philharmonic Orchestra ist das erste US-amerikanische Orchester, das in Salzburg als Opernorchester auftritt. Es dirigiert Esa-Pekka Salonen, Regie führt Peter Sellars.

Auch dieses erste große Mortier-Projekt muss durchaus negative Kritik einstecken. So heißt es in der *Welt*: »Was jedermann im Kunstzirkus bis zum Überdruss kennt, wird im angeblich neuen Nach-Karajan-Salzburg des Gerard Mortier als letzter Schrei verkauft, als besonders aufregende Konfrontation zwischen Elektronik und Religiosität.«

Große Aufmerksamkeit bekommt zu der Zeit übrigens das Schauspiel, dort werden die Produktionen aufwendiger und füllen erstmals seit 1973 die Felsenreitschule wieder als Spielort mit *Julius Caesar* von William Shakespeare.

Hans Landesmann, emsiger Mortier-Mitstreiter, ist mutig und etabliert im Konzertleben, beispielsweise mit dem Kurtág-Ligeti-Zyklus 1993, nach Ansicht vieler Kritiker endlich einen festen Ort für Neue Musik in Salzburg.

Der Kulturmanager schreibt in seinen Memoiren später über den Preis für diesen Aufbruch, den die Festspiele in der Ära Mortier wagten. So spricht er über die teuersten Festspiele aller Zeiten, für deren Finanzierung die Salzburger Festspiele ihre Bestände auflösen und Rücklagen verknappen mussten. Darüber hinaus kommt es immer wieder zu Spannungen zwischen den Freunden Mortier und Landesmann, der dem Belgier attestiert, mit allen Mitteln für seinen Ruf als Reformintendant gearbeitet zu haben – was auch immer das genau heißen mag.

Verluste fahren die Festspiele ein, wenn Mortier Alleingänge macht, ohne das Direktorium über Vertragsabschlüsse in Kenntnis zu setzen. Eine geplante Koproduktion mit der Oper Stuttgart scheitert, und bei einer Schallplattenaufnahme bleiben die Kosten für das Orchester an den Festspielen hängen. Rund sechs Millionen Schilling Verlust berechnet Landesmann aus diesen Fehlschlägen.

**Beispielhaftes 1994**
Doch das künstlerische Programm in Salzburg gewinnt an Farben und Besonderheit.

Das Jahr 1994 wird ein Jahr voller Großprojekte und zudem endlich eines mit weithallendem künstlerischen Erfolg. Mit all den heute immer noch bekannten Namen und seiner interessanten Mischung und Programmierung lohnt sich ein genauer Blick auf diese Saison, um Mortiers Salzburg besser zu verstehen:

Das Schauspiel, dessen Intendant Peter Stein in dem Jahr seinen Vertrag verlängerte, startet mit einer heiß diskutierten Aufführung von Luigi Pirandellos *Die Riesen vom Berge* auf der Perner-Insel in Hallein, Stein setzt mit *Antonius und Cleopatra* seine Shakespeare-Römertrilogie fort. Das Publikum feiert, die Kritik weniger. Im Kleinen Festspielhaus kommt Strawinskys *The Rake's Progress* zur durchweg gefeierten Aufführung, im Großen Haus inszeniert Patrice Chéreau den *Don Giovanni*, bei dem

Daniel Barenboim sein Operndirigatdebüt in Salzburg gibt. Mortiers etwas großspurig angekündigter Jahrhundert-*Don Giovanni* findet allerdings nur gemischten Beifall in den Rezensionen.

*Vorhang auf! Gerard Mortier und Markus Hinterhäuser, 1994.*

Eine Aufführung, die »in ihrer visuellen Wucht, in ihrer formalen Schlüssigkeit beeindruckt«, voll von »grandioser Szenerie«, muss dagegen der *Boris Godunow* von Herbert Wernicke mit Claudio Abbado am Pult gewesen sein.

Im Mozarteum kommt es zu einem kleinen Skandal. Maurizio Pollini eröffnet seine kleine Konzertinsel *Progetto Pollini* mit Stockhausen, dem *Gesang der Jünglinge* und dem *Klavierstück X*, bei dem vereinzelte Zuschauer den Pianisten aggressiv ausbuhen und den Saal verlassen.

Strawinskys *Oedipus Rex* in Verbindung mit der *Psalmensinfonie*, bei der Peter Sellars schon im Foyer Baumaterial verteilt, stößt auf gemischte Resonanz. Die musikalische Gestaltung Kent Naganos, der damit in Salzburg debütiert, wird als Sensation gefeiert. Mit Berg, Schönberg und in diesem Jahr vor allem Strawinsky schafft es die neue Festspielleitung, Komponisten des 20. Jahrhunderts erstmals wirklich gleichberechtigt mit den Dauerprominenten Mozart und Verdi auf die große Bühne zu bringen.

Gerade dieses betriebsame Jahr beendet Festspielpräsident Heinrich Wiesmüller mit einem Paukenschlag, als er sich vom Posten entbinden lassen will.

Über die Gründe dafür rätselt Landesmann in seinen Memoiren, Wiesmüller selbst bemerkt in einem Brief an den Landeshauptmann knapp:

»Inzwischen haben sich Gerard Mortier und Hans Landesmann in Salzburg sehr gut eingelebt, sie brauchen heute keinen Salzburger Nachhilfeunterricht mehr. Auch im Inhaltlichen kann heute Vieles als erledigt gelten.«

Zur Nachfolgerin bestimmt man die Salzburger Unternehmerin Helga Rabl-Stadler, um eine stärkere Verquickung von Kultur und Salzburger Wirtschaft herzustellen. Rabl-Stadler und Mortier sollten die kommenden Jahre nicht immer einig, aber erfolgreich zusammenarbeiten.

### Zeitfluss

Diese Trias aus Rabl-Stadler, der Unternehmerin, Mortier, der am liebsten vom Werk ausgeht, und

Landesmann, der »keine Kunst machen will, um Schnitzel zu verkaufen«, sollte die nächsten Jahre der Salzburger Festspiele nun gemeinsam bestreiten. Gerard Mortier, der bis dahin schon ein innovatives und gleichzeitig nicht unrentables Programm für Salzburg gemacht hatte, hatte bereits zwei Jahre zuvor ein »Festival im Festival« ins Leben gerufen. Der gewiefte Intendant muss wohl erkannt haben, dass ein kompletter Neubeginn im traditionsverankerten Salzburg nicht möglich war, somit lagerte er dieses Experiment aus und gab es in fachlich kompetente Hände.

Der junge Pianist Markus Hinterhäuser hatte gemeinsam mit Tomas Zierhofer-Kin bereits 1989 ein Musikereignis veranstaltet. Auf einer Fähre über die Salzach, also an keinem festen, in jedem Moment dafür an einem anderen Ort.

1993 sollte das Zeitfluss-Festival dann offiziell im Rahmen der Festspiele starten. Die Aufführung von Luigi Nonos *Prometeo* in der Kollegienkirche ist zur Legende geworden. Über die Jahre hinweg spielt das Festival im Festival als eine Art Gegenklang zu den großen Festspielen vor allem Neue Musik, später kommen Aktionen hinzu, wie eine Gebirgswanderung zum Konzert. Cage, Stockhausen, Nono und Lachenmann, das Programm brachte die Musik des mittleren 20. Jahrhunderts ganz selbstverständlich, weil sehr liebevoll und durchdacht ausgewählt, in die Festspielstadt. Neue Orte – wie das Stadtkino oder eine Messehalle – werden bespielt, Musik erklingt abseits des altehrwürdigen Festspielkomplexes. Im letzten Jahr des Festivals, 2001, werden Zelte am Rand der Salzburger Altstadt zu Spielorten, Kunst wird wieder als gesellschaftliches Politikum dargeboten. Die Folge: neue Zuhörer und gute Kritiken.

*Tomas Zierhofer-Kin (2. v.l.) und Markus Hinterhäuser (4. v.l.) gründen das Zeitfluss-Festival. Hans Landesmann (5. v.l.) war dabei ein großer Unterstützer.*

**Regieriesen und Dirigentenschwinden**

Auch die folgenden Jahre mit Rabl-Stadler als Präsidentin führt Mortier sein Jahrzehnt der Regie im Salzburger Musiktheater weiter. Im Jubiläumsjahr 1995 feiert man 75 Jahre Salzburger Festspiele, und der *Rosenkavalier*, inszeniert von Herbert Wernicke, fällt durch, zumindest beim Großteil der Kritiker. Es ist die Zeit der Regieriesen, und während es im Urteil über deren Deutung immer noch zu unterschiedlichen Meinungen kommt, ist das Urteil zur hohen Qualität der Musik fast immer einstimmig.

Robert Wilson heißt ein weiterer Regisseur und Salzburg-Debütant, der in den Folgejahren immer wiederkehren wird. Sein Einstand mit Bartoks *Blaubarts Burg* wird von vielen zum Höhepunkt des Jahres erkoren, zusammen mit Peter Mussbachs Inszenierung der *Lulu* von Alban Berg.

Und während es so scheint, als würden die aneckenden, modernen und herausfordernd-provozierenden Sichtweisen der von Mortier bestellten Regisseure endlich angenommen und die von Landesmann programmierten Orchesterkonzerte mit Neuer Musik erfolgreich verkauft werden, kommt es zu Rissen in der Fassade.

Zuerst zieht sich Nikolaus Harnoncourt aus Salzburg zurück. Zu viel Augenmerk auf der Regie, zu wenig Aufmerksamkeit für die Musik, so lässt sich seine Begründung dafür zusammenfassen. Auch Schauspielchef Peter Stein erklärt im Jahr 1996, seinen Vertrag nicht zu verlängern. Mit großem Budget hatte Stein das Schauspiel wieder in den Vordergrund und auf eine Ebene mit den Musikproduktionen der Festspiele gerückt. Die Kritik hat seine Produktionen dagegen nie besonders lobend beurteilt. Aufgrund von Finanzquerelen hatte sich sein Verhältnis zu Mortier immer weiter verschlechtert.

Und während in diesem Jahr 1996 Regisseur Christoph Marthaler mit einer halbszenischen Deutung von Schönbergs *Pierrot Lunaire* einen Erfolg feiert, gibt auf der anderen Seite Festspielurgestein und Stardirigent Riccardo Muti bekannt, unter

Mortier nicht mehr mit den Festspielen bei Opernproduktionen zusammenzuarbeiten. Gerard Mortiers Konzept ist sicherlich künstlerisch ein Erfolg, in vielen anderen Bereichen, dem Umgang mit Personalien zum Beispiel, dagegen ein zweischneidiges Schwert. Auch wichtige Institutionen wie die Wiener Philharmoniker, seit Beginn wichtiger Festspielbestandteil, scheinen in Sorge. Mit einem mächtigen Vertrag lassen sie sich prominente Konzerte und Platzierungen im Programm zusichern, nachdem sich das Klima zwischen ihnen und den Festspielen zuletzt etwas verschlechtert hatte.

**Die Person geht, nicht der Geist**
Drei Jahre später erklärt Mortier, nach seinem regulären Vertragsende 2001 nicht mehr als Intendant zur Verfügung zu stehen, ein Grund dafür ist sicher sein abgelehnter Vorschlag zur Umstrukturierung des Direktoriums. Darin hätte nach seinen Plänen der Intendant eine weitaus bedeutendere Position für die Gesamtplanung der Festspiele, während die Position des Präsidenten faktisch abgeschafft worden wäre. Das kommt nicht durch.

Die Erinnerungen an Alleinherrscher im Salzburger Festspielleben sind wohl noch zu frisch.

Das Programm des Jahres 1999 zeigt, wie Mortiers Konzept für Salzburg mittlerweile voll aufgegangen ist und für die programmatisch vielfältigsten und auch reichhaltigsten Festspiele bis dato sorgt.

Eine gefeierte Uraufführung von Luciano Berio steht neben einer Deutung von Busonis *Doktor*

*Faustus*, die die *FAZ* einen Markstein für Salzburg nennt. Große Theaterproduktionen werden ergänzt mit Lesungen und kleinen Konzerten im Zeitfluss-Festival, Pollini spielt in seiner Insel unbekanntere Werke aller Epochen. Und Riccardo Muti kredenzt mit Musik von Elgar und Respighi einen »Abend für Genießer«. So soll in Salzburg möglichst jeder Besucher glücklich werden.

Und so soll es auch nach Mortier weitergehen. Ende des Jahres bestellt eine Findungskommission nach monatelangen Beratungen Peter Ruzicka zum neuen Intendanten und Mortier-Nachfolger. Er wird ab sofort Mitglied des Direktoriums, um seine Programme bereits nahtlos zu planen.

Ruzicka ist selbst Komponist und Dirigent und gilt als ein Kämpfer für ein innovatives Programm. Also durchaus einer, der den Mortier-Kurs nicht gänzlich umwerfen wird. Gleichzeitig soll der Mann, der von der Hamburger Staatsoper kommt, auch ein Geschick für Finanzielles haben und ein Gespür für gute Dirigenten. Zwei Punkte, die, so behaupten manche Mortier-Kritiker, eher nicht zu den Stärken seines Vorgängers zählten.

## 2. Personen

Zwar sind sie keine Person, aber die **Pfingstfestspiele** als Teil der Trias aus Festspielen und Osterfestspielen erfahren in dieser Periode einen wichtigen Umbruch. Nachdem Karajan seit 1973 die

Konzerte unter dem Namen Pfingstkonzerte meist mit den Berliner Philharmonikern gestaltet hatte und als eine Art Erweiterung der Osterfestspiele konzipierte, starteten die Salzburger Pfingstfestspiele in der Konzeption von Landesmann 1998. Als Leiter dieses Festivals folgten Hans Landesmann Peter Ruzicka, Riccardo Muti und Cecilia Bartoli nach. Die Stadt an der Salzach ist heute damit ein unglaublicher Hotspot der Klassikfestivals, von denen sie gemeinsam mit der Mozartwoche im Januar fast das ganze Jahr über Programm bietet.

Im Schauspielbereich einigte man sich nach dem Abgang Peter Steins auf **Ivan Nagel** als seinen Nachfolger. Aus gesundheitlichen Gründen zeichnet der nur im Jahr 1998 verantwortlich und wird dann von **Frank Baumbauer** abgelöst.

Die auf Heinrich Wiesmüller nachfolgende **Helga Rabl-Stadler** ist bis zum heutigen Tag in ihrem Amt als Festspielpräsidentin verblieben. Die ehemalige Journalistin war vorher unter anderem Nationalratsabgeordnete für die ÖVP und Präsidentin der Salzburger Wirtschaftskammer.

Auf **Hans Katschthaler**, der von 1989 bis 1996 Landeshauptmann in Salzburg war, folgte **Franz Schausberger**, der Gerard Mortier und Hans Landesmann unter anderem das Goldene Ehrenabzeichen des Landes Salzburg verlieh. In den folgenden Jahren war Schausberger eine treibende Kraft bei der Erneuerung des Kleinen Festspielhauses.

## 3. Besondere Geschichte

**Festspiele gegen die Faschisten?**
Beinahe wäre die Ära Mortiers bereits im Jahr 2000 zu Ende gegangen.

Nachdem sich zu Anfang des Jahres in Österreich eine Regierung aus ÖVP und den Rechtsliberalen der FPÖ gebildet hatte, ersucht Mortier den Vorsitzenden des Festspielkuratoriums um eine vorzeitige Auflösung seines Vertrags.

Es sei ihm »unmöglich, als künstlerischer Leiter der Salzburger Festspiele zu fungieren, wenn die Regierung teilweise von Mitgliedern einer nicht demokratischen Partei wie der FPÖ gebildet wird«.

Prompt reagieren die von Mortier geförderten Zeitfluss-Macher Zierhofer-Kin und Hinterhäuser mit einem Offenen Brief und fragen provokant:

»*Ist es Ihnen nach zehn Jahren Intendanz in Salzburg nicht möglich, mit differenzierten und intellektuell anspruchsvolleren Signalen einer Geisteshaltung entgegenzutreten, die auch Vieles von dem, was sie in den letzten Jahren an wesentlichen künstlerischen Beiträgen ermöglicht haben, gefährdet?*«

Danach nimmt Mortier eine gute Woche später seinen Entschluss wieder zurück und erklärt, den Festspielen in seinem letzten Jahr 2001 merklich zeitgenössische und auch politische Aspekte mitzugeben: »Außerdem soll der Festspielbezirk als Zentrum der Multikulturalität betont werden.«

Als erste Aktion wird ein Fonds gegründet, der konkret die Projekte schützen soll, die durch die FPÖ-Kulturpolitik bedroht sind, und andererseits Publikum aus Osteuropa eine Reise nach Salzburg ermöglichen soll.

Für seine politischen Äußerungen und das Hin und Her mit dem Rücktritt muss sich Mortier mit einem langen Brief vor dem Kuratorium und dem Landeshauptmann rechtfertigen.

Und die Festspiele im darauffolgenden Jahr, sind sie politisch?

**Böses Abschiedsgeschenk**
Um schnell auf aktuelle politische Ereignisse zu reagieren, besonders in seinen Großproduktionen, dafür ist auch Mortiers agileres Salzburg immer noch zu behäbig: Das zeigt der Festspielsommer, der erst mal nicht überrascht. Die Inszenierungen sind ebenso durchsetzt mit politischen Anspielungen wie in den Jahren zuvor, zeitgenössische Musik ist in den Konzerten erfolgreich verankert wie eh und je. Mortier und Landesmann erhalten das Goldene Ehrenzeichen des Landes Salzburg. Bei der Verleihung heißt es, man müsse trennen zwischen dem innovativen Planer Mortier und dem Mortier der provokativen politischen Äußerungen.

Und doch gibt es 2001 den Skandal, das böse Abschiedsgeschenk an die Österreicher von Gerard Mortier. Gemeinsam mit Hans Neuenfels setzt er ausgerechnet die österreichische Nationaloperette *Die Fledermaus* auf den Spielplan und möchte damit

*2001 führt Hans Neuenfels die Regie in Johann Strauß'*
Die Fledermaus *in der Felsenreitschule, Probenfoto mit
Christoph Homberger, Elzbieta Szmytka.*

den Bezug zum immer noch vorhandenen Faschismus in der österreichischen Gesellschaft herausarbeiten. Wenn man den Kritiken glauben kann, scheitert dieses Experiment, wirkt »plump und dreist und gähnend langweilig«, wie die *Welt am Sonntag* schreibt, oder laut *taz*: »humorlos, zäh und peinlich«. Das Publikum reagiert entrüstet, der Skandal ist perfekt. Im Nachhinein wird diese Aktion meist als Rache Mortiers am Salzburger Edelpublikum verstanden.

# FÜNFTER AKT

## 1. Neue Zeiten

**2017**

Der weiße Schnee deckt morgens die Dächer der Musikstadt, und vom Mönchsberg aus betrachtet sieht Salzburg aus, wie direkt aus einem romantischen Wintermärchen entsprungen. Voll ist es hier auch im Dezember. Musikalisch bestreiten den Winter das Dialoge-Festival für Neue Musik und die Mozartwoche, doch am meisten ächzt die Stadt in dieser Zeit unter der Last der Christkindlmarktbesucher. Die Salzburger Festspiele scheinen derweil im Winterschlaf zu liegen. Die Hofstallgasse ist nicht zuplakatiert, keine Salzburger Festivalbanner wehen auf der Brücke über die Salzach. Aber der weitverbreitete Irrtum, dass ja Sommerfestspiele und ihre Organisatoren nur während dieser Zeit so richtig arbeiten, zeigt sich auch hier. Hinter den Kulissen werden schon wieder eifrig in den Werkstätten die Ausstattungen für die kommenden Produktionen gebaut und genäht, und auch sonst gibt es geschäftiges Treiben in den Direktions- und Festspielräumen. Spätestens die Programmkonferenz, bei der der Presse das Programm für das nächste Jahr präsentiert wird, ist ein Höhepunkt. Davor muss man mit Gerüchten, Absagen und kurzfristigen Änderungen umgehen, damals wie heute.

Manuel brät in dieser Zeit meist Burger für Kunden, die eifrig über die neuen Opernproduktionen diskutieren, die Markus Hinterhäuser auf den Spielplan gesetzt hat, oder Touristen, die in einer der Kunstläden der Stadt das neueste Porträt von Jonas Kaufmann erworben haben, obwohl der Sänger in diesem Jahr gar nicht bei den Festspielen war. Will sagen: In wohl keiner anderen Stadt ist Musik so naturgegeben gegenwärtig im ganzen Jahr wie in Mozarts Geburtsstadt.

*Ausblick vom Mönchsberg auf die Salzburger Altstadt.*

Nachdem Gerard Mortier die Festspiele im Großen und Ganzen doch umkrempelte wie ein Revoluzzer, folgt ihm mit Peter Ruzicka ein sensibler Menschenkenner. Schon in seiner Antrittsrede, die der Komponist, Dirigent und Manager zur Eröffnung der Salzburger Festspiele im Jahr 2002 hält, wird deutlich, dass seine Inventionen eher still und vorsichtig in das Programm rücken werden. Nichtsdestotrotz möchte er die Festspiele unter seiner Leitung wieder zu etwas künstlerisch Einmaligem werden lassen.

In einer Bestandsaufnahme erkennt er folgendes Problem der Festspiele:

»*Es erscheint wie eine bittere Ironie der Geschichte, dass die Salzburger Festspiele, die einst als Bollwerk gegen den Ausverkauf des Abendlandes errichtet wurden, nun selbst den hochmütigen Spott der Kulturpessimisten auf sich ziehen.*«

Wie kulturpolitisch und auch etwas hämisch die Intendantenwechsel in Salzburg mittlerweile gedeutet werden, zeigen die Kritiken zum ersten Musiktheaterprojekt unter Ruzickas Leitung. Zum *Don Giovanni* schreibt der *Standard*: »Dem neuen Chef der Festspiele, Peter Ruzicka, ist auf Anhieb jener Don Giovanni gelungen, den Vorgänger Mortier wohl gerne gemacht hätte.«

Andere Rezensenten sehen das aber durchaus kritischer.

Doch abseits der wie immer besonders kritisch beäugten Produktionen der Festspiele ist 2002 ein Jahr der guten Nachrichten in Salzburg:

Das Kuratorium gibt den Auftrag für den Umbau des Kleinen Festspielhauses in ein Haus für Mozart, »dessen Akustik, Saalgröße und Bühnentechnik einer Aufführung der Mozart-Opern ideal entsprechen soll«.

Pünktlich zum 250. Geburtstag des Komponisten 2006 soll das Haus fertig sein. Die Kosten liegen bei rund 30 Millionen Euro.

**Wirtschaftsboom**
Nachdem man in den letzten Jahren bereits durch geschicktes Handeln von Mortier und der Präsidentin Sponsoring-Verträge mit großen Namen wie Nestlé und Siemens ausgemacht hatte, ist eine sehr gute Nachricht auch die Bilanz des Jahres 2002:

Am Ende steht auf dem Papier in den Rechnungsbüchern das erfolgreichste Jahr seit der Ära Karajan zu Buche. 231 432 Gesamtbesucher bescheren den Festspielen Karteneinnahmen in Höhe von 21,75 Millionen Euro.

Geht Ruzickas Konzept also direkt auf?

Sicherlich sind es auch die Grundpfeiler von Mortier, die jetzt Früchte tragen.

Ruzickas Ansatz ist ein stiller Wandel, weder möchte er sich eine vergangene Ära der Festspiele zum Vorbild nehmen, noch eine radikale Öffnung vollziehen. Beliebigkeit soll vermieden werden, gleichzeitig auch zu große Risiken.

All das klingt nach einem goldenen Mittelweg, der sich auf dem Papier gut anhört. Wie genau

Ruzicka das umsetzen will, zeigen die Jahre unter seiner Leitung, die allesamt zu den wirtschaftlich erfolgreichsten der Geschichte der Salzburger Festspiele gehören.

*2001 folgt Peter Ruzicka Gerard Mortier als Intendant der Salzburger Festspiele. Er leitet diese bis 2006.*

Dafür verantwortlich scheinen beispielsweise 2002 auf der einen Seite beliebte Publikumsprojekte wie die Wagner-Gala, bei der Plácido Domingo und Waltraut Meier Auszüge aus Richard Wagners *Parsifal* und *Walküre* intonieren. Hier können Karten zu vierstelligen Beträgen verkauft werden. Andererseits gelingt es Ruzicka, auch die Nachwuchsförderung mit einem für das Festspielpublikum interessanten Projekt zu verbinden.

Erstmals findet im republic das »Young Directors Project« statt. Hier wird mit spannenden Aufführungen die Frage beantwortet, wie eine junge Regiegeneration unterschiedlicher Herkunft und Ausbildung Klassiker oder auch weniger bekannte Stücke interpretiert.

Schauspielchef Jürgen Flimm schafft so in Salzburg ein Forum für junge Regisseure und Regisseurinnen. Flimm hat in dieser besonderen Art der Nachwuchsförderung eine Lücke bei den Festspielen erkannt und holt mit Montblanc gleichzeitig noch einen guten Sponsor mit ins Boot.

Alle drei präsentierten Nachwuchsprojekte sind gut nachgefragt und werden in diesem Premierenjahr auch gleichermaßen ausgezeichnet.

Nach seinem so erfolgreichen Einstiegsjahr baut Ruzicka seine Schwerpunkte stückweise weiter aus. Er legt einen Fokus auf die Richard-Strauss-Opern, hier besonders den *Rosenkavalier* in der Robert-Carsen-Inszenierung von 2004, den die Kritik allerdings überwiegend als »Materialschlacht« abtut.

Er fördert weiterhin Neue-Musik-Schwerpunkte und baut gleichzeitig das Förderprogramm mit günstigen Tickets für Jugendliche aus.

Ein besonderes Augenmerk gilt auch den Exilkomponisten wie Alexander von Zemlinsky, oder aber Egon Wellesz und Erich Wolfgang Korngold, dessen Werke 2003 vermehrt aufgeführt werden. Ruzicka leistet, indem er nun endlich Werken dieser damals teilweise so verfemten Komponisten in Salzburg die große Bühne gibt, einen Beitrag zur künstlerischen Wiedergutmachung.

Das Zeitfluss-Festival ersetzt Ruzicka durch die Salzburg-Passagen, in denen Zeitgenössisches dominiert. 2003 wird erstmals Alexander Skrjabin mit einem Schwerpunkt in Salzburg beleuchtet, und endlich kommt auch das Helikopter-Quartett, welches Karlheinz Stockhausen ursprünglich im Auftrag der Festspiele konzipierte, das aber an den Bestimmungen der Sicherheit scheiterte, in Österreich zur Erstaufführung. Dieses Jahr wird finanziell und besuchertechnisch auch wieder ein neues Rekordjahr der Festspielgeschichte.

**Jahrhundertprojekt**
Doch es geht noch mehr.
   Überboten wird das Ganze vom Rekordjahr 2006. In den sechs Wochen des Festspielsommers werden alle 22 Opern, Singspiele und szenischen Fragmente des Jubilars Wolfgang Amadeus Mozart auf die Bühne gebracht, sieben dieser Werke sind bis dato noch nie bei den Festspielen zu hören gewesen. Statt wie in einem gewöhnlichen Jahr fünf bis sechs szenische Opernproduktionen zu realisieren, stemmt man in diesem Jahr also 19 abendfüllende Werke, natürlich nicht nur als Neuinszenierungen, sondern auch als Wiederaufnahmen und Koproduktionen. Die Festspiele selbst sprechen von der künstlerisch, finanziell und organisatorisch größten Herausforderung ihrer Geschichte, das Budget wird um 7,6 Millionen Euro erhöht, und allein die Kapazität der

Opernkarten liegt bei 105 000 zu verkaufenden Tickets. Ruzicka beschreibt das Projekt auch als »Gegenakzent zur modischen Highlight-Kultur und Best of-Vermarktung«. Stattdessen versucht man hier, aufwendig ein Gesamtbild zu entwerfen.

Auch das Konzert programmiert Mozart, vergibt 15 Kompositionsaufträge und stellt diese dem Werk des Wunderkinds gegenüber, das Schauspiel grenzt sich jedoch bewusst von der Mozart'schen Omnipräsenz ab.

Ist dieses Jahr eine gemeisterte Herausforderung oder Überforderung mit künstlerischen Enttäuschungen? Die Beiträge in der Presse lassen beides erkennen:

Bei der Serenata *Il re pastore* sprechen die Kritiker von einem »wunderbaren Kleinod« und sind begeistert von dem historisch informierten Balthasar-Neumann-Ensemble unter Thomas Hengelbrock. Und auch das erste Bühnenwerk des erst 11-jährigen Mozart *Apollo und Hyancinthus* wird freundlich aufgenommen.

*Lucio Silla* in der Inszenierung von Jürgen Flimm werden dagegen im *Kurier* »drei Stunden Langeweile« attestiert. Die große bunte *Zauberflöte* von Pierre Audi, eine Überarbeitung einer Amsterdamer Produktion, erhält gemischte Kritiken.

Ein wichtiges Bauvorhaben wird auf den Punkt genau fertig.

Mit der meistgespielten Mozartoper der Welt (*Die Presse*, 18.07.2016), *Le nozze di Figaro*, und dem Dream-Team Nikolaus Harnoncourt und Claus Guth sowie Anna Netrebko als Susanna wird das Haus für Mozart eröffnet. Es ist tatsächlich pünktlich fertiggestellt und dabei noch im Kostenrahmen geblieben. Heute fast undenkbar.

Zwei Jahre zuvor, nach zwei sehr erfolgreichen Spielzeiten, hatte sich Peter Ruzicka übrigens schon dazu entschlossen, seinen Vertrag als Intendant über 2006 hinaus nicht zu verlängern, um wieder aktiver als Komponist wirken zu können. So kommt es in diesem feierlichen Mozartjahr auch zum Abschied von Ruzicka, es ist, man ahnt es fast, das wirtschaftlich erfolgreichste Jahr der Festspiele, fast fünf Millionen Euro mehr sind allein im Kartenverkauf erwirtschaftet worden.

Unter dem Titel »Fünf Jahre Salzburg! Ein Rückblick ohne Zorn?« beschreibt der Künstlerintendant selbst seine Zeit an der Salzach:

Er gibt zu bedenken, dass die Eventkultur, eine Erneuerung nur um des Erneuerns willen auch aufgrund schwindender Subventionen auf Grenzen stoßen wird und befragt sich selbstkritisch zu seinen Zielen. Ruzicka schließt, diametral entgegen dem Abschlussgeschenk seines Vorgängers Mortier, mit einer Liebeserklärung an das Publikum der Festspiele:

*»Die überwältigende Mehrheit der Festspielbesucher, der Freunde und Förderer, die sich auch langfristig mit diesem Festival identifizieren, beweist seit Jahr und Tag ein hohes Kunstverständnis, eine tiefe Mu-*

*sikliebe und eine unbeirrte Offenheit für neue Wege und unerhörte Werke.«*

**Von Flimm …**
Der Regisseur Jürgen Flimm wird Ruzickas Nachfolger, nach Martin Kušej verantwortet Thomas Oberender das Schauspiel, und der ehemalige Zeitfluss-Macher Markus Hinterhäuser wird als Konzertchef eingesetzt. Helga Rabl-Stadler bleibt auf dem Posten der Präsidentin, den sie seit 1995 als nun festspielerfahrenste Person des Trios bekleidet.

Flimm legt ein Zehn-Punkte-Papier für Salzburg vor, in dem er – unter anderem – ein jährliches Schwerpunktthema in Aussicht stellt. Außerdem sollen die Festspielhäuser besser mit auf sie zugeschnittenem Repertoire genutzt werden, zur Programmgestaltung lädt er Künstler zu einer Arbeitsgruppe ein. Flimm plant außerdem, die starren Spartengrenzen zu öffnen: für bisher in Salzburg unterrepräsentierte oder unbekannte Genres wie Cross-over, Jazz und Operette.

In Salzburg sind mittlerweile seit zehn Jahren die Subventionen nicht erhöht worden. Trotzdem bleibt das Programm umfassend. Oder wie *Die Presse* beim Blick auf das erste Jahr Flimms titelt: »keine Kracher, aber etliche Perlen«. Sein erstes Jahr stellt Flimm unter das Motto »Nachtseite der Vernunft« und programmiert Opern wie *Der Freischütz* und *Don Giovanni*. Schumann wird in einem Schwerpunkt erkundet, während im »Kontinent Sciarrino« ein Jahr später dessen Oper *Luci mie traditrici* zur

Aufführung gelangt, für viele Kritiker das Highlight des Festspielsommers 2008. Und während klingende Namen wie Alfred Brendel zum letzten Mal in Salzburg auftreten, erobert eine neue Generation die Bühne und debütiert in diesem Jahr. Unter anderem die Geigerin Janine Jansen und Dirigent Yannick Nézet-Séguin. Das Motto lautete übrigens »Und stark wie die Liebe ist der Tod«. Produktionen werden erstmals in HD im TV übertragen. Schon zum sechsten Mal werden in Kooperation mit Siemens auf dem Kapitelplatz Opernhighlights der aktuellen Festspiele in den Siemens Festspielnächten für jedermann zugänglich gezeigt, außerdem, im Karajan-Gedenkjahr, einige seiner Großproduktionen.

*Festspielproduktionen werden auf Großbildleinwand unter freiem Himmel einem breiten Publikum präsentiert. Aktuelle Highlights, aber auch historische Produktionen können von Jedermann in der Salzburger Altstadt genossen werden.*

Nachdem bereits 2007 zwei Zugpferde, nämlich Anna Netrebko und Rolando Villazón, kurzfristig abgesagt hatten, will man nun 2008 mit dem Young Singers Project eine eigene Sängertalentschmiede oder »Nationalmannschaft«, wie Flimm sie nennt, ins Leben rufen. Elf junge Sänger kommen im ersten Jahr nach Castings auf der ganzen Welt nach Salzburg, können an Proben teilnehmen und werden von renommierten Künstlern unterrichtet. Im Ernstfall sollen sie als Einspringer fungieren. Am Ende des damals von Credit Suisse gesponserten Projekts steht ein Abschlusskonzert.

Und nachdem nun junge Sänger und junge Regisseure erfolgreich gefördert werden, wird für 2010 noch ein drittes Förderprojekt ins Leben gerufen, welches Markus Hinterhäuser als »eine der vornehmsten Aufgaben der Festspiele« bezeichnet. In Kooperation mit Nestlé fördert man mit dem Young Conducters Award, mit dem nun jährlich ein junger Dirigent ausgezeichnet wird, der außerdem bei den Festspielen dirigieren kann, den Maestro-Nachwuchs. Der erste Gewinner dieses Preises wird David Afkham heißen.

Rabl-Stadler sorgt sich inzwischen um das »audiovisuelle Gedächtnis der Festspiele«, und so wird 2010 ein Vertrag mit Unitel unterzeichnet. Der Distributor wird von nun an jährlich die Aufnahmen vermarkten.

Im gleichen Jahr schwelt die Debatte um Festspielkarten wieder an. Salzburger Bürger äußern Kritik und fühlen sich durch die Vergabe vieler

Karten an Sponsoren und Förderer benachteiligt. Vielleicht als direkte Antwort darauf führt das Direktorium nach zwölf Jahren wieder »Vorhang auf« ein, ein Event, bei dem das Publikum in Salzburg Einblicke in die kommenden Produktionen bekommen kann.

Im Frühjahr 2008 bricht man zur ersten PR-Tour um die Welt auf, besucht Osaka und Moskau und will der Wirtschaftskrise trotzen, das Publikum erweitern und keinerlei Sparprogramm fahren. 2009 verkaufen die Salzburger fünf Prozent weniger Karten.

Ende des Jahres gibt Flimm bekannt, nach vier Jahren als Intendant nicht verlängern zu wollen, einige Tage später erzählt er in Berlin, ab 2009 Berater der Staatsoper Unter den Linden werden zu wollen und ein Jahr darauf das Haus als Intendant zu übernehmen. Er fordert deshalb die vorzeitige Entlassung aus seinem Vertrag in Salzburg schon im Jahr 2010, dem Jubiläumsjahr, in dem man auf 90 Jahre Salzburger Festspiele zurückblicken kann. Die Ausstellung »Das Große Welttheater« stellt dieses Jubiläum im Salzburg Museum und in Kooperation mit Salzburger Kultureinrichtungen in den Mittelpunkt.

Aus den Vorschlägen für Flimms Nachfolge, Pierre Audi, Alexander Pereira und Stéphane Lissner, entscheidet sich das Kuratorium für Pereira, den Direktor des Opernhauses in Zürich. Ende 2009 zurrt man seinen Vertrag von Ende 2011 bis 2016 fest und legt die kaufmännischen Belange in die Hände von Helga Rabl-Stadler. Für die Festspielsaison 2011, in der dann weder Flimm noch Pereira verfügbar sind, wird der altbekannte Markus Hinterhäuser zum Interimsintendanten bestellt.

Bei all den Personalien und neuen Projekten kann schnell in Vergessenheit geraten, dass Flimm in seinen letzten zwei Jahren in Salzburg durchaus ein ausgesuchtes und hochqualitatives Programm bietet, mit einigen besonders hervorstechenden Produktionen. 2009 wird von den Wiener Philharmonikern unter Ingo Metzmacher Luigi Nonos *Al gran sole carico d'amore* in der Regie von Katie Mitchell gegeben, die Nono beinah live verfilmt. Die *NZZ* spricht von einem Ergebnis, das Maßstäbe setzt. Nebenbei debütieren in Konzerten auch noch große Namen wie Andris Nelsons oder Joyce DiDonato, die besonders gefeiert wird. Und Jonas Kaufmann, der seinen ersten Salzburger Liederabend gibt. Es gibt die von Ivan Nagel 1998 gegründete beliebte Reihe »Dichter zu Gast« diesmal mit Daniel Kehlmann, bei der unter anderem Fritz Kreisler auftritt.

Ein Jahr später ist die Rihm-Uraufführung *Dionysos* laut Rezensenten das musikalische Großereignis, neben der eine ebenso gelobte Wiederaufnahme von Charles Gounods *Romeo et Juliette* mit Anna Netrebko stehen kann, im gleichen Jahr debütiert Philippe Jaroussky, der gefeierte Countertenor, bei den Festspielen. Die Festspiele scheinen erfolgreich auf der Höhe der Zeit zu schwimmen, auch wenn es wieder Kritiker gibt, wie zum Beispiel den ehemaligen Schauspielchef Martin Kušej, der sich öffentlich über das »Weichspüler«-Opernprogramm beschwert.

**Über Hinterhäuser ...**
2011 ist das Jahr des Markus Hinterhäuser als Übergangsintendant. Die Saison beginnt mit Ärger um den Festspielredner Jean Ziegler, der von der Salzburger Landeshauptfrau Gabi Burgstaller eingeladen, aber dann doch wieder ausgeladen wird. Die Folge: Ersatz Joachim Gauck hält die Eröffnungsrede, und ab dem folgenden Jahr werden die Festspiele ihren Redner zur Eröffnung selbst wählen.

Es gibt weitere Neuerungen. Die Website wird erneuert und verzeichnet immerhin täglich um die 1500 Besucher, im Sommer dann schon um die 10 000. 2011 starten die Festspiele außerdem ins Social-Media-Zeitalter und beginnen die aktive Gestaltung ihres Twitter Accounts und ihrer Facebook-Seite – auch der YouTube-Kanal startet.

Derweil bekommt die Felsenreitschule mal wieder ein neues Dach, es ist in sechs Minuten aufklappbar, macht dadurch Freilichtopern erneut möglich und ist gleichzeitig winterfest.

Musikalisch sind die Konzerte in der Kollegienkirche einzigartige Erlebnisse. Die Neue-Musik-Performances lassen mal das halbe Publikum den Raum verlassen, mal sind sie vollkommen überbucht. Besonders gefeiert wird in diesem Jahr Leoš Janáčeks *Die Sache Makropolus* in der Regie von Christoph Marthaler und geleitet von Esa-Pekka Salonen. Es ist laut Rezensionen der »angesagte tolle Wurf« (*Standard*).

**Zu Pereira**

Der neue Intendant Alexander Pereira will sich in seiner Ära dann auf eine Besinnung auf das Einmalige konzentrieren. Neuproduktionen sollen der Normalfall werden, das ist teuer, somit ist neues Geld zu generieren, mit Sponsoren und Förderern zu verhandeln, kurzum, alles Finanzielle ein wichtiger Teil seiner Agenda.

Eine sogenannte Ouvertüre spirituelle, bei der in jedem Jahr geistliche Musiken aus allen Kulturen im Mittelpunkt stehen soll, beginnt bereits fünf Tage vor Festspieleröffnung, außerdem führt Pereira als Abschluss der Festspiele den »glanzvollen Festspielball« wieder ein. Eine Opernuraufführung sowie Neue Musik sollen bei all dem Eventdenken aber weiterhin das Programm bereichern. Mit Sven-Eric Bechtolf als Schauspielchef soll die Gleichstellung der drei Bereiche der Festspiele auch in der öffentlichen Wahrnehmung weiter fortgesetzt werden. Mit *Die Zauberflöte*, *Carmen* und *La bohème*, gleich zu Beginn seiner Intendanz setzt Pereira auf die beliebtesten Opern überhaupt. Das hört sich wenig nach Wagnis an. Aber auch Bernd Alois Zimmermanns *Soldaten* finden sich im Programm. Die Dichte der Stars ist hoch, und angesichts des High-Society-Verstehers Pereira fragt sich manch eine Zeitung, ob das Festival wieder in »postkarajan'schen Kunsthochglanz« verfällt (*FAZ*).

ORF und ZDF übertragen mehr Aufführungen von den Festspielen als jemals zuvor, während das Budget sich von 52 auf 58 Millionen Euro erhöht. Aber ist mehr immer auch gut?

Noch bevor die Festspiele 2013 überhaupt starten, wird im Kuratorium eifrig über die Pläne des Alexander Pereira zum weiteren Ausbau der Festspiele debattiert, denn nicht alle wollen das unbegrenzte Wachstum mitgehen. Doch der wirtschaftliche Erfolg, unter anderem 20 Prozent mehr Kartenvorbestellungen als im Vorjahr, scheint dem Hochglanzintendanten recht zu geben.

*2012 schließt der Festspielsommer mit dem Festspielball, der von rund 1500 Gästen besucht wird. Die glanzvolle Veranstaltung findet im imposanten Ambiente der Felsenreitschule statt.*

Das gesellschaftliche Ereignis dieses Jahres in Salzburg ist der Festspielball, wieder eingeführt in der

Tradition der Gründerjahre, der von der *Bunten* bis zu den RTL News die Medienaufmerksamkeit auf sich zieht. Von 190 Euro für eine Flanierkarte bis zu 12.000 Euro für einen reservierten Tisch in der Felsenreitschule gehen die Preise ins Absurde, aber der Ball ist gut verkauft. Nach einem Gala-Dinner in der Residenz zieht man feierlich in die Felsenreitschule ein und tanzt dort stilvoll nach einem festlichen Konzert, danach gibt es eine Jugenddisco im Foyer des Großen Hauses und eine Chill-out-Lounge in der SalzburgKulisse. Neben Ben Becker, der angetrunken Pereira bei seiner Rede unterbricht und so für den Beinahe-Skandal sorgt, ist Thomas Gottschalk anwesend sowie viele Salzburger D- und E-Promis. So stimmt im ersten Jahr von Pereira zumindest die glanzvolle, lange nicht so da gewesene Fassade, aber was steht dahinter:

Im künstlerischen Programm leuchten Wagners und Verdis große Opern im Mittelpunkt, es gibt die Multimedia-Ausstellung re-rite, außerdem wird im Hangar-7 in Kooperation mit Servus TV als weiteres großes Event, die Oper *Die Entführung aus dem Serail*, aufgeführt.

Das alles lässt die Kasse klingeln: Bei den Karteneinnahmen bricht man den bisherigen Rekord des Mozartjahrs 2006.

Trotzdem muss man sich im Präsidium schon wieder auf die Suche nach einem neuen Intendanten machen, denn Pereira wird 2015 die Scala in Mailand übernehmen und lässt knapp verlauten:

»*Ich habe mir in Salzburg ein Haus gekauft, weil ich mir nicht vorstellen konnte, je etwas anderes zu machen. Deshalb habe ich unterschrieben, aber niemand ist auf die Idee gekommen, dass mir die Scala angeboten wird.*«

**Sechster Akt?**
2014 ist somit ein Jahr der Abschiede. Die Erinnerung an den Ersten Weltkrieg zieht sich durch das Programm, und es gibt eine Gedenkveranstaltung für Gerard Mortier und Hans Landesmann, die beide in den letzten Monaten verstorben waren. Gleichzeitig ist es auch Pereiras letzter Salzburger Sommer, den er stilsicher mit einer Glanzproduktion, dem *Rosenkavalier* mit Welser-Möst am Pult, bestreitet. Vorher gab es wieder dringliche Diskussionen um die erneut steigende Budgetierung, die 2014 rund 61 Millionen Euro beträgt. Der Intendant verkauft vorausschauend schon einige Salzburger Produktionen an die Mailänder Scala, was in beiden Kreisen für Unruhe sorgt.

2015 und 2016 werden Helga Rabl-Stadler und Schauspielchef Sven-Eric Bechtolf die Leitung der Festspiele übernehmen, während Florian Wiegand Konzertchef wird. Vieles ist von Pereira schon vorgeplant, doch nach der Geldschwemme in seinen Jahren müssen die neuen Verantwortlichen nun wieder mit geringerem Budget haushalten.

Das neue Team setzt wieder auf Wiederaufnahmen, die sich gut verkaufen, ein spannendes Erfolgsprojekt ist die Uraufführung von Wolfgang Rihms *Die Eroberung von Mexico*.

Die Eroberung von Mexiko *eröffnet die Salzburger Festspiele 2015 – ein Musik-Theater, das das Publikum mitreißt, ein Bühnenbild, das begeistert, ein Statement für zeitgenössische Musik.*

Die Fakten und Zahlen aus einem der unterhaltsameren Festivalabschlussberichte sprechen für sich: 735 Stunden Probe Schauspiel, 1320 Oper, 551 Konzert, 1550 gefertigte Kostüme, 7435 Stühle aufgestellt. 4622 Seiten geschrieben, 470 überreichte Blumensträuße.

Im nächsten Jahr nimmt man mit der *West Side Story* zum ersten Mal ein Musical ins Hauptprogramm.

Markus Hinterhäuser, der schon seit 2015 als mehr oder weniger heimlicher Wunschintendant galt, führt die Festspiele 2017 nach einer Übergangszeit nun in eine neue Ära und öffnet den Vorhang zum sechsten Akt.

## 2. Besondere Geschichte

**Kleine große Bedrohungen?**
In den Jahren des oben beschriebenen Zeitraums bricht die Finanzkrise über Europa herein. Doch auch andere Gefahren drohen den Festspielen. Besonders 2009 gibt es viel zu diskutieren. Dass diese Probleme nicht immer ganz ernst zu nehmen sind oder im Rückblick sogar amüsant wirken, zeigen zwei Beispiele für Ereignisse, die die Salzburger Bürger, die Presse und die Festspielverwaltung in diesem Jahr bewegten.

Im Juni 2009 wird den Salzburger Gemeinderäten eine Unterschriftenliste mit 1300 Namen überreicht. Grund: Die Salzburger Verwaltung wünscht sich eine autofreie Innenstadt und will 55 Poller (in anderen Artikeln sind es 45, und auch die Kosten variieren) installieren, teilweise versenkbar, um die Altstadt abzuriegeln. Denn illegale Fahrten durch die Fußgängerzone hat die Polizei auch durch Kontrollen nicht in den Griff bekommen. Hoteliers und Geschäftsleute laufen Sturm, schon jetzt sei der Weg in die Altstadt ein Spießrutenlauf, außerdem seien diese Poller doch defektanfällig. Sie plädieren weiterhin für eine »menschliche Lösung«, also verstärkte Kontrollen. Dann kommt es zum Eklat:

»Jedermann durfte nicht in die Stadt« titelt die *Kronen Zeitung* und fragt sich, ob die wichtigste Produktion der Festspiele in diesem Jahr gefährdet sei. Noch stehen die ungewollten Poller zwar nicht, aber die Kontrollen an den Altstadtzufahrten sind bereits verstärkt. Ein Lkw mit Bühnenmaterial für die wichtigste Festspielproduktion darf nicht in die Innenstadt. Der Fahrer hatte keine Ausnahmegenehmigung dabei, und die sowieso schon hitzige Debatte schlägt auf die Festspiele über. Intern wird heiß diskutiert. Heute hat sich das Poller-Konzept mit seinen Ausnahmeregelungen zumindest für die Festspiele offensichtlich eingegroovt.

Vor den Skandalpollern wurden die Festspiele Anfang des Jahres 2009 schon von einem etwas ernsteren Problem erschüttert. Seit dem 1. Januar 2009 ist in Österreich mit dem sogenannten »Antikorruptionsgesetz« nicht nur die Bestechung strafbar, sondern jetzt darüber hinaus auch das sogenannte »Anfüttern«, also das Beschenken oder Gewähren eines Vorteils ohne direkte Gegenleistung in Hinblick auf die Amtsführung des Begünstigten. Im Klartext: Einladungen zu den Salzburger Festspielen könnten davon belangt werden. Daraus resultierend fürchten die Sponsoren, dass sich ihre Gäste nicht mehr zu den Festspielen einladen lassen werden. Der Uniqua-Generaldirektor sieht ein weiteres Sponsoring der Festspiele damit kritisch, und ein paar Tage später kündigt ein Siemens-Pressesprecher an: »Sollte das Antikorruptionsgesetz nicht substanziell geändert werden, dann werden wir aus der Partnerschaft mit den Salzburger Festspielen aussteigen.« Das ist keine Bagatelle. Immerhin unterstützen Siemens und Uniqua das Festival jedes Jahr mit geschätzten 750.000 Euro.

Es kommt zu großer Unruhe im Kulturbetrieb des Landes, auch Festspielpräsidentin Helga Rabl-Stadler kritisiert: »Dieses Gesetz diskriminiert die österreichische Gastfreundschaft.« Doch es gibt Gegenstimmen, die das Gesetz begrüßen, unter ihnen auch Festspielveteran Landesmann.
Doch die Macht der Festspiele ist groß.
Dem Druck dieses großen Kulturtankers kann auch das Justizministerium nicht standhalten. Ministerin Claudia Bandion-Ortner kündigt schon im selben Monat an, das Gesetz zu überarbeiten.
Im Sommer kommt es dann tatsächlich zu einer Entschärfung. Die Festspiele um Rabl-Stadler zeigen sich zufrieden, während viele kritische Stimmen der Justizministerin vorwerfen, sich dem Druck einer Lobby gebeugt zu haben. Auch die Antikorruptionsorganisation Transparency Österreich sieht das Gesetz nun als »totes Recht«.

Auch wenn das Gesetz mittlerweile wieder verschärft wurde, können die Salzburger Festspiele weiterhin auf ein im Kulturbereich einmaliges Hauptsponsorenfundament bauen.
Neben Gerard Mortier, der in seiner Ära Grundsteine für eine erfolgreiche und langjährige Zusammenarbeit mit Nestlé legte, folgen unter Präsidentin Rabl-Stadler große Namen wie Audi, Siemens oder

Rolex. Obwohl ja im Vergleich zu einem Fußballliga- oder Filmsponsoring der Öffentlichkeitswert der Festspiele geradezu verschwindend gering ist, sehen die Geldgeber der großen Firmen in der Nähe zu diesem exquisiten Hochkulturevent doch die Chance, sich weiter als Luxusmarke zu etablieren.

## Dank

Ich bedanke mich bei Franziska-Maria Lettowsky und Victoria Morino für die großzügige, fachkundige Unterstützung und die schönen Tage im Archiv der Salzburger Festspiele. Ebenso danke ich Helga Rabl-Stadler und Caroline Wehrhan für die erhellenden Gespräche sowie Holger Noltze und Eleonore Büning für meine musikjournalistische Basisausbildung. Die Rückmeldung meiner Rohfassungsleserin Lara Sofie Mertens sowie die Unterstützung meiner Familie haben mich stets angespornt.

# Literatur

Adler, Gusti: *...aber vergessen Sie nicht die chinesischen Nachtigallen. Erinnerungen an Max Reinhardt München.* Wien 1980.

Bäumer, Angelica (Hrsg.): *Gottfried von Einem und die Salzburger Festspiele.* Salzburg 1998.

Fuhrich, Edda und Prossnitz, Gisela: *Max Reinhardt, Die Träume des Magiers.* Salzburg/Wien 1993.

Fuhrich, Edda und Prossnitz, Gisela: *Die Salzburger Festspiele. Ihre Geschichte in Daten, Zeitzeugnissen und Bildern*, Bd. I, 1920–1945. Salzburg/Wien 1990. (leider vergriffen)

Gallup, Stephen: *Die Geschichte der Salzburger Festspiele.* Übersetzt von Christiana Besel. Wien 1989.

Gottdang, Andrea und Hannesschläger, Ingonda (Hrsg).: *Das Große Festspielhaus. Clemens Holzmeisters Gesamtkunstwerk.* Salzburg 2018.

Hadamowsky, Franz: *Richard Strauss und Salzburg.* Salzburg 1964.

Hadamowsky, Franz: *Reinhardt und Salzburg.* Salzburg 1963.

Hofmannsthal, Hugo von: Hugo von Hofmannsthal. Sämtliche Werke in 38 Bänden. Kritische Ausgabe. Frankfurt 2001.

Jaklitsch, Hans: *Die Salzburger Festspiele. Verzeichnis der Werke und der Künstler 1920-1990*, Bd. III. Salzburg/Wien 1991. (leider vergriffen)

Kaut, Josef: *Die Salzburger Festspiele 1920–1981.* Salzburg/Wien 1982.

Kriechbaumer, Robert: *Salzburger Festspiele. Eine Chronik von 2002–2011.* Salzburg/Wien 2013.

Kriechbaumer, Robert: *Salzburger Festspiele. Ihre Geschichte von1990–2001. Die Ära Mortier/Landesmann.* Salzburg/Wien 2012.

Kriechbaumer, Robert: *Salzburger Festspiele 1990–2001. Die Ära Mortier/Landesmann. Eine Chronik.* Salzburg/Wien 2011.

Kriechbaumer, Robert: *Salzburger Festspiele 1960–1989. Die Ära Karajan.* Salzburg/Wien 2009.

Kriechbaumer, Robert: *Salzburger Festspiele. Ihre Geschichte von 1945 bis 1960.* Salzburg/Wien 2007.

Mortier, Gerard: *Dramaturgie einer Leidenschaft.* Stuttgart 2014.

Müry, Andres (Hrsg.): *Kleine Salzburger Festspielgeschichte.* Salzburg 2002.

Novak, Andreas: *»Salzburg hört Hitler atmen«. Die Salzburger Festspiele 1933–1944.* München 2005.

Osborne, Richard: *Herbert von Karajan. Leben und Musik.* München 2008.

Prossnitz, Gisela: *Salzburger Festspiele 1945-1960. Eine Chronik in Zeugnissen und Bildern.* Salzburg/Wien 2007.

Salzburger Festspiele: *Das Neue Salzburger Festspielhaus. Zur Eröffnung am 26. Juli 1960.* Publikation der Salzburger Festspiele. Salzburg 1960.

Schuh, Oscar Fritz: *Salzburger Dramaturgie.* Salzburg 1969.

Steinberg, Michael P.: *Ursprung und Ideologie der Salzburger Festspiele, 1890–1938*. Übersetzt von Marion Kagerer. München 2000.

Willaschek, Wolfgang: *Salzburger Festspiele 1937 und 1938. Kulturelles Leben in Salzburg vor und nach 1938*. Sonderheft der Salzburger Festspiele 1988.

Wolf, Norbert Christian: *Eine Triumphpforte österreichischer Kunst. Hugo von Hofmannsthals Gründung der Salzburger Festspiele*. Salzburg/Wien 2014.

# Bildnachweis

S. 24: 1920 *Jedermann.* Alexander Moissi, Johanna Terwin, Werner Krauß
© Archiv der Salzburger Festspiele/Photo Ellinger

S. 29: Max Reinhardt, Hugo von Hofmannsthal auf Schloss Leopoldskron
© Archiv der Salzburger Festspiele/Photo Ellinger

S. 39: 1936 *Jedermann.* Eduard Baar-Baarenfels, Kurt von Schuschnigg, Umberto von Piemont, Guido Schmidt
© Archiv der Salzburger Festspiele/Photo Ellinger

S. 45: 1933–1937 FAUST STADT
© Archiv der Salzburger Festspiele/Photo Ellinger

S. 46, 47: Leporello des Gesamtprogramms 1938
© Archiv der Salzburger Festspiele

S. 52: 1944 Proben zu *Die Liebe der Danae*
© ÖNB/Wien. F59.Clemens-Krauss-Archiv.361

S. 57: 1953 Gottfried von Einem, Oscar Fritz Schuh
© Archiv der Salzburger Festspiele/Photo Ellinger

S. 66: 2006 Hofstallgasse
© Salzburger Festspiele/Foto Forster

S. 75: 1926 LH Franz Rehrl, Clemens Holzmeister
© Archiv der Salzburger Festspiele/Photo Ellinger

S. 76: 1965 Aufführung *Boris Godunow*
© Archiv der Salzburger Festspiele/Photo Hildegard Steinmetz

S. 78: 1972 Herbert von Karajan am Flughafen Salzburg
© Archiv der Salzburger Festspiele/Photo Ellinger

S. 88: 2017 Aufführung *La clemenza di Tito*
© Salzburger Festspiele/Foto Ruth Walz

S. 95: 1994 Vorhang auf. Gerard Mortier,
Markus Hinterhäuser
© Salzburger Festspiele/Foto Hannes Huber

S. 98: 1993 ZEITFLUSS. Tomas Zierhofer-Kin,
Markus Hinterhäuser, Hans Landesmann
© Salzburger Festspiele/Foto Wolfgang Kirchner

S. 105: 2001 Probe zu *Die Feldermaus*.
Christoph Homberg, Elzbieta Szmytka, Hans Neuenfels
Salzburger Festspiele © Foto Mara Eggert/Theatermuseum München

S. 108: Panoramaaufnahme der Stadt Salzburg bei Nacht
© Tourismus Salzburg/Foto Günter Breitegger

S. 111: Peter Ruzicka
© Salzburger Festspiele/Foto Christian Jungwirth

S. 117: 2012 Siemens Fest>Spiel>Nächte am Kapitelplatz
© Siemens

S. 123: 2012 Festspielball
© Salzburger Festspiele/Foto Andreas Kolarik

S. 126: 2015 Aufführung *Die Eroberung von Mexiko*
© Salzburger Festspiele/Foto Monika Rittershaus

# AUFSTIEG UND NIEDERGANG

Die 300-jährige Geschichte der Mozarts ist reich an Höhepunkten und Krisen, Rätseln und Verwicklungen. War Leopold Mozart wirklich der unnachgiebige Zuchtmeister des kindlich-unbekümmerten Wolfgang? War das »Bäsle« die große, aber unmögliche Liebe des Komponisten? Und war Wolfgangs Frau Constanze der Ruin der Familie oder die Mutter ihres Nachruhms? Mit feinem Gespür für das Zeitkolorit wirft Michael Lemster ungewöhnliche Fragen auf und macht damit sichtbar, wie kreativ die Mozarts die Herausforderungen ihrer Epoche meisterten.

**MICHAEL LEMSTER**
**DIE MOZARTS**
384 Seiten · 14,5 × 21 cm
Hardcover mit Schutzumschlag
ISBN 978-3-7109-0073-0
€ 24,00

# ZU HAUSE AUF DEN GROSSEN BÜHNEN DER WELT

Zwischen Kind und Karriere, Talent und Selbstdisziplin, den heimatlichen Wurzeln und den Metropolen in weiter Ferne – das ist die Welt, in der sich Elīna Garanča bewegt. In ihrer Autobiographie erzählt sie von ihren Engagements auf den großen Opernbühnen, von ihren Rollen, aber auch von den Schwierigkeiten, ständig unterwegs zu sein, zumal als Mutter von zwei kleinen Kindern. Sie schildert ihre großen Erfolge ebenso wie die Herausforderung, immer Topleistungen abrufen zu müssen, und Schicksalsschläge wie den Tod ihrer Mutter.

**ELĪNA GARANČA**
**ZWISCHEN DEN WELTEN**
255 Seiten · 13,5 × 20,5 cm
Klappenbroschur
ISBN 978-3-7110-0233-4
€ 16,00